F. Baumbach

Arnold von Selehofen, Erzbischof von Mainz

F. Baumbach

Arnold von Selehofen, Erzbischof von Mainz

ISBN/EAN: 9783743307766

Hergestellt in Europa, USA, Kanada, Australien, Japan

Cover: Foto ©Thomas Meinert / pixelio.de

F. Baumbach

Arnold von Selehofen, Erzbischof von Mainz

Die Quelle, welche der folgenden Darstellung hauptsächlich zu Grunde liegt, ist die zuerst von Böhmer (fontes III. 270 — 324) unter der Bezeichnung des Martyrium Arnoldi archiepiscopi Moguntini sodann von Jaffé (Bibl. rer. germ. III. 604—675) als Vita Arnoldi archiepiscopi Móguntini herausgegebene, von einem Zeitgenossen verfasste Geschichte des Erzbischofs Arnold von Mainz.

Ueber die beiden vorhandenen Handschriften dieser Vita, den Würzburger Codex — cod. 1 — und den Frankfurter — cod. 2 — ist das von Böhmer und Iaffé in den Vorreden ihrer Ausgaben [1]) Gesagte zu vergleichen. Jaffé hat schon erkannt, dass beide Handschriften nahe verwandt sind, ja offenbar aus derselben Quelle fliessen, und auf diese gemeinsame ꞓ꞊ ꞏꞃ꞊ꞏng mit Recht den Umstand zurückgeführt, dass am ꞏꞏꞀꞈꞏ ꞏꞃ ꞏder Handschriften ein der Chronik des Erzbischofs Chriꞏꞏꞏ ꞏtnommencs Stück sich findet [2]). In den erwähnten VꞏꞏꞏꞀꞃꞁꞃꞀꞃꞃꞀꞃ wird

1) Böhmer benutzte zu seiner Ausgabe den cod. 1; er erhielt erst Kunde von der Existenz des cod. 2 als der Druck seiner Ausg. schon beendet war; in der Vorrede gibt er Lesarten von cod. 2. Jaffé benutzte beide Hdschr. doch jedenfalls mit zu grosser Berücksichtigung des cod. 1.   2) Böhmer (l. c.) hat das Verhältniss umgekehrt, indem er den Erzb. Christian den betreffenden Passus: perpetrato hoc scelere — ecclesia multipliciter est afflicta (fontes III. 324—326) mit Ausnahme eines den Ann. Palid. ad ann. 983 (Mon. Germ. SS. XVI. 65) gehörenden Theiles (cf. Jaffé Bibl. III. 691. not. 1) aus der Vita Arnoldi entnehmen lässt. Doch mit Unrecht. Der Verf. der Vita hätte als Zeitgenosse des nach dem Tode Arnolds erwählten Rudolf v. Zäringen gewiss nicht zum J. 1160 dessen Tod gemeldet; (R. starb erst 1191), er hätte ferner dessen Tod nicht als Strafe dafür ausgegeben, weil Rudolf Eingriffe in den Kirchenschatz

1 *

4

auch über den Verfasser, seine Schreibweise, seine classische Bildung, seine Person, die Zeit der Abfassung, den Werth des Werkes gesprochen. Ueber die letzten Punkte mag hier noch Einiges erwähnt werden.

Verfasst ist die Vita bald nach dem Tode Arnolds [1]); bestimmt vor dem Frieden von Venedig; sie würde anderenfalls nicht so entschieden für Viktor IV. Partei ergreifen, wie es z. B. Jaffé l. c. 643 geschieht: Octavianum canonica censura electum et promotum, ut illic multis argumentis sole clarius apparavit; der Verfasser könnte nach jenem Frieden nicht von den beiden Streitern um den päpstlichen Stuhl sagen (Jaffé l. c. 636): quorum alteri Victor alteri Alexander tradiderat prognostica nomen. Reuter (Geschichte Alexanders III. 2. Aufl. I. 518) irrt daher, wenn er die Abfassung der Vita nach dem Frieden von Venedig annimmt; (und sind daher auch seine auf diese Annahme gegründeten Folgerungen unrichtig; cf. hierüber in der folgenden Darstellung). Als Zeitpunkt der Abfassung der Vita mit Bestimmtheit eines des Jahre von 1160 — 1177 anzugeben ist aber nicht möglich. Indessen scheint die Darstellung der Vita, die mit der grössten Ausführlichkeit die einzelnen Nebenumstände angibt, deutlich das Gepräge der jüngsten Erinnerung zu tragen und somit dafür zu sprechen, dass die Entstehung derselben näher bei dem Jahre 1160 als bei 1177 zu suchen ist. Eben darauf scheint zu deuten, dass der Verfasser von dem im J. 1163 über Mainz verhängten Strafgerichte nichts weiss; es würde dieser Umstand

gethan hat; — er nahm einen Arm von dem goldenen Crucifix des Erzb. Willigis — denn von Arnold hätte er Aehnliches berichten müssen. Ann. Disib. ad ann. 1160. Mon. SS. XVII. 29.   1) Wenn aber Böhmer (l. c. XLV) sagt: »der ungenannte Verf. schrieb gleichzeitig, wie er zu Anfang sagt:« super tanti novitate negotii«, so glaube ich, liegt in der angezogenen Stelle nichts, was die Zeit der Abfassung bestimmte; novitas heisst Neuheit, d. h. neues, nie dagewesenes Ereigniss; diese im classischen Latein häufige Bedeutung ist auch dem Verf. der V. bekannt; so sagt er (Jaffé III. 639) die Fürsten von Crema, denen Arnold die Empörung der Mainzer erzählt: ob sceleri novitatem et immanissime infidelitatis raritatem omnes strepere (Jaffé l. c. 639), wo »novitas« durch »immaniss. infidel. raritatem« seine nähere Erklärung findet.

für das Frühjahr 1163 als spätesten Termin der Abfassung
sprechen [1]); doch zur absoluten Bestimmtheit lässt sich hierbei nicht kommen. Nicht besser geht es uns mit der Person
des Verfassers selbst; wir erkennen den Augenzeugen, den Geistlichen, den treuen Anhänger und Verehrer des Erzbischofs: wer
er aber gewesen ist, in welchem Verhältniss er zu Arnold gestanden hat, erfahren wir nicht. Böhmer vermuthet in dem Abt,
den Arnold kurz vor seiner Ermordung an die Mainzer schickt,
den Verfasser [2]).

Was schliesslich den Werth der Vita anlangt, so wird dieser an mehreren Stellen nachweislich durch die Parteilichkeit des
Verfassers für den Erzbischof beeinträchtigt. Hervorzuheben sind
in dieser Beziehung der Bericht des Verfassers von der Wahl
Arnolds, das Gericht des Kaisers in Worms, die Reise des
Erzbischofs zu Hadrian IV. Er verschweigt nicht nur Ereignisse, die für den Ruhm Arnolds nachtheilig erscheinen könnten, wie z. B. die Opposition bei der Wahl zum Erzbischof, die
Klage der Domkanoniker, die Citation zum Papst, die Bestrafung Arnolds durch den Kaiser in Worms; sondern er entstellt
und kehrt an einer Stelle wenigstens den Sachverhalt geradezu
um: bei jenem Gericht in Worms. Da stellt er den Erzbischof
als mit dem Kaiser über seine Feinde gemeinschaftlich richtend
dar: aus einem Angeklagten und Gerichteten macht er einen
Kläger und Richter. Andere Bevorzugungen, die Arnold durch
die Vita erfährt, wie: dass durch seine Bemühung zumeist die
Uebergabe von Mailand erfolgt (1158 Sptbr. 8) und der Friede
zu Stande gekommen sei, (Jaffé l. c. 628), dass ohne ihn, auch
wenn sonst alle Welt zusammenkäme, eine so schwierige Angelegenheit wie das Schisma nicht entschieden werden könne, da
Alle seinen Rath und seine Meinung abwarteten (Jaffé l. c. 636)

1) Auch die von Jaffé (l. c. 604) citirte Stelle: »et scismatis
cancer in vastum eo usque ecclesie corpus irrepserat, quod christiane
unitatis soliditatem pene sua infecisset malitia, nisi . . . . catholici
principes huic generali morbo ancipiti gladio spiritus per abscissio-
nem festinassent occurrere« scheint zu bezeugen, dass die Vita bald
nach dem Paveser Concil, vor 1163 geschrieben ist.

2) l. c. XLVI. Die Gegengründe b. Jaffé l. c. 604 n.

und Aehnliches sind mit den oben angeführten Fällen nicht auf gleiche Stufe zu stellen und weniger streng zu beurtheilen [1]).

Indessen zeigt das Werk in allen Theilen den umsichtigen und mit den Mainzer- wie auch den Reichsangelegenheiten wohl vertrauten Verfasser, so dass wir durch dasselbe trotz der gerügten Mängel ein klares und im Allgemeinen richtiges Bild von den Personen und Vorgängen, über die es handelt, bekommen. Auch ist hierbei gleich hervorzuheben, dass nach seinem Bericht die Ministerialen es sind und unter ihnen besonders eine Partei, die den Aufstand gegen den Erzbischof anregen, unterhalten und während seines ganzen Verlaufes leiten.

Ausser der Vita war noch ein zweiter Bericht über Arnolds Leben und zwar in deutscher Sprache vorhanden. Joannes entdeckte ihn bei den Augustinern in Mainz, und da er an der Auffindung der Vita verzweifelte, von deren Existenz er durch Helwich, Serarius, den Mönch v. Kirschgarten erfahren hatte (cf. Joann. rer. Mog. II. 79), so entschloss er sich endlich, jenen Bericht in sein Werk aufzunehmen. Sonderbarer Weise aber übertrug er ihn vorher in die lateinische Sprache. Obgleich ihm nun in dieser »Narratio anonymi cujusdam veteris de caede Arnoldi archiepiscopi Moguntini« Vieles, besonders im Vergleich zu den Nachrichten des Erzb. Christian, parteiisch entstellt und unwahr erschien, so änderte er doch, wie er versichert, nicht das Geringste bei der Uebersetzung. Bei der Glaubwürdigkeit, die Joannes sonst verdient, können wir ihm wohl in dieser Aussage vertrauen.

Diese Narratio geht im Wesentlichen auf die Vita zurück, ist eine verkürzte Uebersetzung derselben; aber wir finden in ihr auch Abweichungen von der Vita und Zusätze zu derselben. Indessen gerade diese Aenderungen nehmen der Narratio den Werth einer Quellenschrift, da einige derselben aus Missverständniss des Textes der Vita hervorgegangen sind, andere und zwar erklärende Zusätze durch ihren Inhalt die späte Zeit ihrer Entstehung erkennen lassen. Was die erste Erscheinung betrifft, so müssen

---

1) Hierher gehören auch die Reden, die der Verf. den Erzb., von dem er eben erzählt, dass er ganz allein gelassen war, halten lässt. Jaffé III. 669—71.

wir dahin rechnen das §. XXVI. (Joann. rer. Mog. II. 84) Gesagte: Emericum Mengoti filium, Wernherum abbatem ad D. Jacobi Bolandia gente natum etc.; die entsprechende, hier zu
Grunde liegende Stelle der Vita lautet (l. c. 630) Embrico Mengoti filius, et abbas Sancti Jacobi, Wernherus de Bonlant etc.;
hiernach könnte man allerdings auf die Vermuthung kommen,
der Abt von S. Jakob sei Wernher von Boland gewesen; allein
die Vita selbst hat uns kurz vorher genauer unterrichtet; l. c.
629 heisst es: abbas S. Jacobi; et Arnoldus Rufus; et Wernherus
de Bonlant. Ausserdem erfahren wir den Namen des Abtes,
Gotfried, aus Urkunden und den Disibodenberger Annalen z. d.
J. 1158 u. 1163 (Mon. SS. XVII. 29 f.). Der Verfasser der
Narratio hat sich also durch jene Stelle der Vita irre führen
lassen. Eine andere jedenfalls auch auf Missverständniss beru-
hende Abweichung von der Vita liegt in dem §. XXVI — XXIX
(Joann. l. c. II. 84) Geschilderten, den Vorgängen zwischen der
Capitulation von Mailand und der Synode zu Mainz (1158 Sptbr.
— 1159 Oktbr.). Der Narratio zufolge ist Arnold in dieser
Zeit nach Italien gezogen, was sonst nirgend erweislich, auch
durch die Vita nicht berichtet wird (cf. Jaffé l. c. 629—631).
Was die Zusätze der Narratio betrifft, welche gleich dem
eben angeführten Beispiel durch ihren Inhalt eine spätere Entstehung verrathen, so heben wir folgende hervor: §. XXXIV (l.
c. II. 85) Arnold verlässt Mainz, um dem Erwählten von Würzburg die Weihe zu ertheilen; soweit auch die Vita (p. 633); die
Narratio fügt den Namen des Bischofs hinzu, gibt diesen aber
fälschlich als Gebhard an; Gebhard war aber damals eben gestorben, sein Nachfolger, den der Erzbischof von Mainz weihen
sollte, war Heinrich II. (cf. Ussermann episcop. Wircebrg I.).
Weder dem 12. noch dem folgenden Jahrhundert gehört aber die
in §. XLIX stehende Bemerkung an: Godofredus ab Eppenstein
et Reinbothus Bingensis. »Patritiine fuerint an plebeji non li-
quet«. Bei den Genannten zwischen dem Stande der liberi und
der ministeriales oder zwischen Letzteren und den burgenses zu
schwanken, liegt dem Verfasser fern; er wählt eine speciell die
städtische Bevölkerung späterer Zeit umfassende Unterscheidung
und will darunter einen Eppensteiner begreifen, dessen Geschlecht
weder patricisch noch plebeisch war, wie jedem Angehörigen des

Mainzer Stiftes — und dazu müssen wir auch den Verfasser der Narratio rechnen — im 13. Jhrhdrt. bekannt war; denn fast fünfzig Jahre hatten damals Mitglieder jenes Hauses den erzbischöflichen Stuhl inne [1]). Also auch im 13. Jahrhundert kann die Narratio nicht verfasst sein.

Kurz als eine Quellenschrift für Schilderung von Ereignissen des 12. Jahrhdts. ist die Narratio anonymi de caede Arnoldi archiepiscopi Moguntini nicht zu gebrauchen, und sind in der folgenden Darstellung die Abweichungen derselben von der Vita nur berücksichtigt, in so fern sie auch durch gleichzeitige Berichte überliefert sind. Ein dritter Bericht über Arnold und speciell den Aufstand, welchem er erlag, liegt uns vor in dem Chronicon Christiani (Jaffé Bibl. rer. germ. III. 676 — 699, der betreffende Theil 684—690). Auch dieses Werk, verfasst in den Jahren 1251 — 1253, hat nur zum geringsten Theil für die fol-

---

1) Ausser den angeführten Abweichungen, welche keine weitere Quelle neben der Vita voraussetzen, finden sich in der Narr. andere, welche dies thun. So §. X: in die in der Stadt bestehende Verschwörung gegen Arn. werden die principes, vor Allem der Pfalzgraf erst hineingezogen — nach der Vita das umgekehrte Verhältniss cf. l. c. p. 614 — diese Auffassung findet sich auch im Chron. Christiani (Jaffé III. 687) jam conducuntur de foris auxiliatores milites etc. und scheint wie die §. L (l. c. p. 88) stehende Bemerkung über die h. Hildegard und Andere, welche Arnold gewarnt haben sollen, daraus entnommen zu sein. Andere Zusätze wie §. X (der Grund, weshalb Pfalzgr. Hermann A. angreift, nämlich weil er von diesem wegen Feindseligkeiten gegen das Wormser Bisthum in den Bann gethan), §. XXX (synodus »veteri more« agendus erat) habe ich nur noch bei Trithemius Chron. Hirsaugiense ad 1159 ad 1155 (editio S. Gall. 1690) gefunden; andere in diesem Werk und in den Annal. Disibod.; so §. XVIII (Friedr. erhält die Zustimmung der Fürsten zum ital. Feldzuge in Worms 1157) cf. Trith l. c. ad 1157 Ann. Dissbod. ad 1157, so §. XIII (die Anhänger A.s namentlich genannt; dass die Narratio neben Wilhelm Glizbergensem »Henricum« Lohinensem nennt, nicht Ludovicum wie die Ann. Disib. und Trith. l. c. ad ann. 1155 ist wohl nur Versehen, setzt keine fernere Quelle voraus). Entweder hat die Narratio und Trithem. eine gemeinsame uns verlorene Quelle benutzt, oder, was wahrscheinlicher ist, die Narratio hat aus Trithem. geschöpft und ebendaher wohl auch die Zusätze entnommen, welche sich auch in den Ann. Disibod. l. c. fanden.

gende Darstellung benutzt werden können. Es erweist sich in Ueberliefernng von Vorgängen aus dem 12. Jahrhundert durchaus unzuverlässig. Schon Jaffé hat in der Vorrede zu seiner Ausgabe darauf hingewiesen (l. c. 676). So nennt Christian unseren Arnold — vor d. J. 1153 — einen Dompropst; eine Würde, die Arnold nie bekleidet hat, in welcher wir seit d. J. 1143 und bis 1160 Hartmann finden; er lässt ferner den Erzbischof Heinrich post annum fere et dimidium nach seiner Absetzung sterben (l. c. 685), während dieser schon 1153 Sptbr. 1. starb, kaum drei Monate nach dem genannten Termin; über die von ihm erzählten Fabeln über den plötzlichen und gleichzeitigen Tod der beiden Cardinäle, die Heinr. absetzten cf. l. c. 686; er meldet fälschlich, wie schon bemerkt, den Tod des erwählten Rudolf zum J. 1160 (l. c. 692); er gibt den Tod Kaiser Heinrichs VI. zwei Jahre zu spät an (cf. l. c. 695). So hat er denn auch über den Verlauf des Aufstandes ein ziemlich verwirrtes Bild geliefert, aus dem für die einzelnen Stadien der Empörung nichts oder sehr wenig zu erfahren ist. (Ueber den Abt v. Eberbach, der Arnold gewarnt haben soll und wegen seiner Ausschreitungen getadelt, wie l. c. 688 zu lesen, cf. d. flgde. Darstellung).

Mehr als die von Christian gegebenen Facta ist für uns die Auffassung des Verfassers von denselben und von Arnold bemerkenswerth. Hier zuerst, ein Jahrhundert nach den Begebenheiten, erscheint Arnold als der Verläumder seines Vorgängers, als der, welcher die Cardinäle bestochen hat, der wie diese die Schuld trägt an dem Unheil, das seit jener Zeit unaufhörlich die Stadt betroffen hat. Wegele (Arnold v. Selenhofen p. V) sagt richtig: »Christians Bedeutung liegt gerade darin, dass er die Geschichte Arnolds, wie sie sich in dem Munde der Mainzer im Verlaufe eines Jahrhunderts gestaltet hatte, aufgezeichnet hat«. Und zwar möchte ich hinzufügen, wie sie sich unter Arnolds entschiedensten Gegnern ausgebildet hatte: denn es kann wohl keine entschiedeneren Gegner Arnolds gegeben haben als das Meingotische Geschlecht; und Erzbischof Christian gehörte demselben an (cf. Bär Mainzer Beiträge I.) Daher, glaube ich, ist seine Darstellung mehr als parteiisch, daher nimmt er über Arnold und dessen Partei ohne Bedenken die schlimmsten Gerüchte auf, vielleicht aus demselben Grunde verschweigt er die Namen der Führer des Aufstandes in seiner Erzählung. Ich vermag die Vermuthung nicht zu unterdrücken, dass Erzbischof Christian Kenntniss von der Vita hatte und seine Chronik als Entgegnung zu derselben schrieb. Ausser seiner Verwandtschaft zu den Führern der Opposition spricht hierfür auch der räumliche Umfang des über Arnold handelnden Passus; während Christian der Erzählung von 1161—1251, also von 90 Jahren, 9 Seiten zuwendet, behandelt er die Jahre 1153—1160 auf 6 Seiten.

Ausser diesen speciell Mainzer Quellen, wozu noch die Urkunden Arnolds, sowie etliche der bei Jaffé (l. c.) zusammengestellten Mainzer Briefe kommen, sind natürlich die gleichzeitigen Quellen für die Reichsgeschichte, vor allen Otto Frisingensis mit seinem Fortsetzer benutzt worden; ebenso die Annal. S. Disibodi, Ann. Vinc. Pragensis, Ann. Col. Max. etr.

Von Bearbeitungen sind Reuter: Geschichte Alexanders III. Th. I. (2. Aufl.) und Wegele: Arnold v. Selenhofen herzugezogen worden; für die Verfassungsverhältnisse der Stadt: Arnold, Verfassungsgesch. der deutschen Freistädte Th. I und Hegel: Italienische Städteverfassung Th. II. Anhang und Kieler Monatsschr. 1854. Andere benutzte Werke sind an den betreffenden Stellen citirt worden. Ueber die mir zu spät bekannt gewordene Dissertation v. Nohlmanns: Vita Arnoldi de Selenhofen Bonn 1871. cf. den Anhang.

Regesten, die ich der Abhandlung beizufügen gedachte, sind mit Rücksicht auf das demnächst erscheinende Werk von C. Will nicht abgedruckt worden.

I.

Arnold von Selehofen [1]), einem angesehenen Mainzer Ministerialengeschlechte angehörig, wurde Ausgang des 12. Jahrhunderts [2]) in Mainz geboren [3]). Mitglieder seiner Familie hatten unter der Regierung des Erzbischofs Heinrich thätigen Antheil an der Verwaltung des Erzstiftes genommen. Selten vermissen wir den Namen eines Selehofers in den Urkunden dieses Erzbischofs.

Wetteifernd mit diesem Geschlechte der von Selehofen, aber demselben feindlich gesinnt, tritt uns hierbei die Familie entgegen, deren Haupt lange Zeit Meingot war; auch er gehörte mit seinen Verwandten zu den Ministerialen des Stiftes. Unter der Regierung des Erzbischofs Heinrich war die Feindschaft zwi-

---

1) Ueber das Wort selihova (selehuba, selhuben) cf. Waitz: Die altdeutsche Hufe Abhdlg. d. Ges. d. Wiss. Götting. 1854. p. 225.

2) Jaffé Bibl. rer. Germ. III. 647 f. Ego enim sum senex sexagenarius et eo amplius sagt Arnold kurz vor reinem Tode i. J. 1160.

3) pago Maguntino extitit oriundus b. Jaffé Bibl. rer. Germ. III. 606. Mit pagus Maguntinus ist der Stadttheil von Mainz (Selehofen) gemeint. Ueber das Vorkommen des Stadttheils Selehofen liegt uns die erste urkundliche Nachricht aus dem Jahre 1182 vor cf. Joann. rer. mog. II. 693: curiam quandam in Selhoven sitam tradidimus. Im 14. Jahrhdt. ist schon die Bezeichnung gebräuchlich, welche wir für einen Platz noch heute in Mainz finden: »Auf dem Graben«. cf. Schaab Gesch. d. St. Mainz I. 382. Gegen die Behauptung von Brusch, (im Chronic. Chronicor. I. 757 u. 1405) Arnold stamme aus dem vornehmen Geschlechte Selehofen im Rheingau cf. Helwich b. Joann. rer. mog. II. 107.

schon den beiden Familien bedeutend vermehrt worden [1]). Die
Häupter derselben treten zugleich als die Führer zweier politischen Parteien deutlich hervor, von denen die Meingot's die der
aufstrebenden Ministerialen leiteten, jener Partei, welche in der
grösstmöglichen Unabhängigkeit von ihrem Lehnsherrn ihr Ziel
sahen. Die von Selehofen dagegen müssen die dieser Richtung
entgegengesetzte bischöfliche Partei geführt haben, welche die
Aufrechterhaltung der lehnsherrlichen Rechte des Erzbischofs mit
allen Mitteln erstrebte.

Arnold wurde früh in das Treiben der Parteien hineingezogen, und hat schon lange vor Bekleidung der erzbischöflichen
Würde, die Partei der Selehofer geführt, oder doch eine hervorragende Stellung in ihr eingenommen. Anfeindungen aller Art,
mit denen die Gegner ihn von Jugend an heimsuchten [2]), beweisen dies hinlänglich und zeigen, welche Bedeutung man ihm
feindlicherseits beilegte. Ausser dieser allgemeinen Bemerkung,
welche uns seine Parteistellung erkennen lässt, erfahren wir nur
wenig über die Zeit, welche seiner Kanzlerwürde vorhergeht.

Als Spross eines angesehenen Geschlechtes, den seine Gaben
und seine Neigung oder der Wille der Familie zum geistlichen
Stande bestimmt hatten, verliess Arnold früh seine Vaterstadt,
um auf einer fremden Schule [3]) sich zu seinem dereinstigen Be-
rufe vorzubereiten. Mit dem vollen männlichen Ernst einer starken Natur und einem eisernen Fleisse lag er dort seinen Studien,

---

1) Vielleicht war erst damals der Wetteifer der beiden Familien
in Feindschaft übergegangen; wenigstens zeugt es von früheren freund-
schaftlicheren Beziehungen, dass Arnold als Pathe eines Verwandten
der Meingots genannt wird. Jaffé III. 663.   2) Jaffé Bibl. III. 615.
Hic enim erat (Mengotus), qui in domnum Maguntinum veteri et fu-
nestissimo odio ad mortem usque invectus, omni tempore vite sue
machinabatur contra eum et ipsius inenarrabiliter sitiebat exitium
cf. ebendas. III. 607. 613. 614.   3) E studio igitur devocatus ad pro-
pria (Jaffé III. 607) setzt voraus, dass er seines Studiums wegen
Mainz verlassen hat. Wo er studirt hat, wird nicht angegeben. Wegele: Arnold von Selenhofen p. 29 vermuthet A. habe in Paris studirt; dafür dass er in Frankreich gewesen, spricht ausser der damals
herrschenden Sitte (cf. Wattenbach Geschichtsquell. 276 u. Oesterr.
Geschq. XIV »Ueber Briefsteller des Mittelalters«) seine glänzende
Beredsamkeit.

besonders dem der Theologie ob [1]). Und als er darauf nach
Mainz zurückkehrte, machte ihn bald seine Gelehrsamkeit und
besonders seine glänzende Redegabe bei den Landsleuten berühmt.
Aber grade diese Eigenschaften waren es, die ihn zum Gegen-
stande des Neides und der Verfolgung machten, wie sein Bio-
graph behauptet. Es muss sich also Arnold schon von dieser
Zeit an in die oben kurz berührten Händel der Stadt gemischt
haben. Wir erfahren nichts über die Zeit seiner Rückkehr noch
über die Dauer seines damaligen Aufenthaltes in Mainz. Hier
begann er seine priesterliche Laufbahn, hier wurde er Canonicus [2]). Die nächste Würde, in welcher wir ihn treffen, ist die
eines Propstes; mit Gewissheit seit dem Jahre 1141 in derselben
nachweisbar. In diesem Jahre tritt er unter den Zeugen einer
Urkunde des Erzbischofs Markolf als Propst von Aschaffenburg
auf [3]). Diese Würde erhielt er, als sein Vorgänger in derselben,
der genannte Markolf, zum Erzbischof erhoben wurde. Weniger
sicher lässt sich angeben, in welcher Zeit Arnold Propst von
Aachen wurde; wahrscheinlich war er schon in dieser Stellung,
als er eine gleiche in Aschaffenburg erhielt [4]). Die bedeutendste

---

1) Jaffé III. 607.   2) Jaffé III. 672. Maguntine ecclesie clericus
et deinde canonicus.   3) Joann. II. 748. Guden. cod. dipl. I. 272 heisst es
in einer Urkunde Erzb. Christian v. J. 1181: Arnoldus archiepiscopus,
qui tunc in praepositura Aschaffinburgensi ministrabat. Ein Beweis,
dass der Erzbischof Arnold vorher Propst von Aschaffenburg gewesen
war. Nach Juli 1141, zu welcher Zeit Markolf zum Erzb. gewählt
wurde (cf. Weidenbach p. 226), trat er diese Würde an.

4) Dass er dieser Propstei überhaupt vorgestanden hat, berichten
die Ann. Col. max. a. ann. 1153. cui (Henrico) substitutus est Arnoldus cancellarius et aquensis praepositus. Wir finden in einer Urkunde Kg. Konrads 1138. Apr. 8. (St. 3369), die der Kanzler Arnold
recognoscirt, als Zeugen einen Arnoldus capellarius et aquensis praepositus. Quix (Gesch. d. Stadt Aachen p. 75) hält diesen Aachener
Propst für identisch mit dem Kanzler und späteren Erzb. von Köln.
Nun existirt aber eine andere Urkunde Konrads 1146 Jan. 6 (St.
3511), in welcher neben einander als Zeugen fungiren: Arnoldus cancellarius und Arnoldus praepos. maj. aquisgrani. Propst am Marien-
stift ist also in diesem Jahre der Kanzler A. nicht; aber auch nicht
am St. Adalbertstifte zu Aachen; dort finden wir Richerus 1130 —
1172 (Quix l. c. u. Urkd. Nr. 63); es bleibt demnach nur übrig an-

Propstei, welche er inne gehabt hat, war die von St. Peter in Mainz. Er erhielt sie durch Erzbischof Heinrich [1]). Sie war dem Range nach die dritte Propstei der Mainzer Kirche [2]) und galt daher die Bekleidung dieser Stellung für eine besondere Auszeichnung. Wir finden unter den Vorgängern Arnolds in dieser Würde die Verwandten der Erzbischöfe selbst, so den Neffen Adalberts I., den Grafen von Saarbrücken und späteren Erzbischof Adalbert II., der sie seinerseits bei Erhebung auf den Stuhl des heiligen Bonifacius einem Verwandten Ludwig übertrug [3]). Daher wird auch Arnold von Selehofen in Hinblick auf das mit dieser Stellung verbundene Ansehen mit einziger Ausnahme in sämmtlichen Mainzischen Urkunden seit 1149 Propst von St. Peter oder Propst von St. Peter und Kämmerer genannt. Denn ausser den verschiedenen Propsteien verwaltete er auch das Amt eines Stadtkämmerers von Mainz [4]). Ueber seine Thätigkeit in allen diesen Stellen, die er schliesslich sämmtlich zu gleicher Zeit bekleidete [5]), geben uns die Urkunden nur sehr spärliche Auskunft. Nichts wird uns überliefert, was er als Propst zu St. Peter gethan, und nur eine Urkunde spricht von seiner Sorge für die Canoniker in Aschaffenburg, welchen er ein von ihm gekauftes Haus, das am Markte daselbst lag, und den Ertrag zweier Mühlen zur reichlicheren Beschaffung von Weissbrot überlässt [6]). Am häufigsten erscheint er in Urkunden als Stadtkämmerer und in vielen Fällen in offenbarer Ausübung dieser seiner Würde: bei Bestätigungen von Schenkungen, Verkäufen

---

zunehmen, entweder dass der Kanzler zwischen den Jahren 1138 und 1146 seine Propstei zu Aachen aufgegeben hat, und dass diese danach erst an A. v. Selehofen gekommen ist, oder, was wahrscheinlicher ist, in dem 1138 genannten Propst v. Aachen, den nachmalg. Erzb. v. Mainz zu erkennen. Quix (l. c.) nennt Arnold einen Decan zu Aachen, (dort finden wir aber vor und nach 1153 Richer; St. 3623 u. Quix) wahrscheinlich irregeführt durch die falschen Angaben bei Joann. rer. mog. II. 80.   1) 1148 Oct. 8 ist noch Ludw. Propst 1149. Arnold. St. A. M. 43 u. 46.   2) Jaffé III. 626.   3) Joann. II. 465.

4) Mit Gewissheit erst seit d. J. 1143 nachweisbar, aber wahrscheinlich ist er identisch mit dem schon 1139 unter den Geistlichen erscheinenden Kämmerer Arnold.   5) Jaffé III. 672.   6) Cf. Gud. cod. dipl. I. 165. Urk. Erzb. Heinr. v. J. 1144.

oder Tauschhandluugen, bei Beilegung von Streitigkeiten, wo die
gerichtliche Entscheidung oder Vermittlung eintrat. Alle erzbischöflichen Urkunden, in denen Arnold als Zeuge auftritt, deuten auf Mainz als den Ausstellungsort hin; in den ausserhalb
der Hauptstadt ausgestellten Urkunden fehlt er. Das hängt mit
seiner Stellung als Stadtkämmerer zusammen; auch Sigelous,
welcher unter Arnold's Regiment Stadtkämmerer war, ist nur
einmal in der Umgebung seines Erzbischofs ausserhalb der Me-
tropóle zu finden [1]), aber zwischen Sigelous und Arnolds Auftreten lässt sich ein bedeutender Unterschied wahrnehmen. Jener
erscheint in sämmtlichen aus Mainz datirten und uns vorliegenden Urkunden seines Erzbischofs, dieser durchaus nicht in allen
in derselben Stadt ausgestellten Urkunden Heinrichs. Der Grund
der Abwesenheit Arnolds von seiner Vaterstadt, denn abwesend
musste er sein, wie hieraus hervorgeht, ist in dessen Beziehung
zur königlichen Kanzlei zu suchen. Dass er bei derselben thätig
gewesen ist, darauf weist seine spätere Kanzlerwürde und die
schon vorher eingenommene Stellung eines Propstes von Aachen
hin. Die Marienpropstei von Aachen war eine Reichspropstei;
es kam häufig vor, dass Reichspropsteien als Pfründe für solche
Geistliche bestimmt wurden, welche der König für Staatsgeschäfte,
als Reichskanzler, Notare, überhaupt als Kanzleibeamte verwandte.
Zu einem der Letzteren haben wir Arnold von Selehofen zu rechnen, wenn wir auch seinen Aufenthalt in der Umgebung König
Konrads kaum fünf Mal nachweisen können [2]); dock kann dieser
Umstand nicht auffallen, weil, den Kanzler selbst ausgenommen,
die übrigen Mitglieder der Kanzlei überhaupt selten die königlichen Urkunden als Zeugen unterschreiben. Dass Arnold häufiger, als wir durch Urkunden nachzuweisen im Stande sind, am
königlichen Hofe gewesen sein muss, dafür spricht am sichersten

---

1) i. J. 1154 Wolf Gesch. des Eichsfeldes I. 8. v. Heinemann cod.
Anhalr. I. b. p. 298. Die Urkunden vom Jahre 1160, welche nicht
in Mainz ausgestellt sind, aber den Sigelous gegenwärtig nennen, sind
unter ganz aussergewöhnlichen Verhältnissen ausgefertigt. Die Stadt
war im vollen Aufruhr gegen ihren Erzbischof, da hatte kein Beam-
ter desselben in Mainz etwas zu schaffen. 2) Stumpf (3369.) 3511.
3525. 3573. 3579.

seine Ernennung zum Kanzler durch König Konrad. Er trat diese neue Würde an[1]), als sein Vorgänger zum Erzbischof von Köln gewählt, im Auftrage des Königs und zugleich in der Absicht, die Bestätigung des Papstes einzuholen, nach Italien reiste.

II.

In demselben Augenblick, da König Konrad III. ernstlich Vorbereitungen traf die Kaiserkrone zu erlangen, und das Reich zu einem Römerzuge sich anschickte, wurde Arnold von Selehofen zum Kanzler des Reiches erhoben. Es liegt in der Zeit dieser Ernennung Arnolds ein besonderer Beweis des königlichen Vertrauens zu dem Berufenen: Ihm traute der König die Fähigkeit zu, in den für die Deutschen Herrscher oft so schwierigen Verhältnissen zur Curie und den Italienischen Fürsten wie Städten den richtigen Weg zu finden. Es kam anders als der König gedacht. Von Würzburg aus war Konrad am Ende des Jahres (1151) aufgebrochen, um durch die Erdrückung des mächtigen Welfenherzogs bei seinem demnächstigen Fortgang aus Deutschland dem Reiche den Frieden zu sichern[2]). Wie bekannt, missglückte die Unternehmung. Es gelang Heinrich dem Löwen zu seinen Freunden und in sein gefährdetes Herzogthum zu kommen, welches sich für ihn sofort erhob. Fast fliehend vor den Gegnern eilte der König nach Süddeutschland zurück, gezwungen seine Verbündeten im Norden Deutschlands dem erzürnten Welfen preiszugeben. Wahrscheinlich ist Arnold auf diesem unglücklichen Zuge der Begleiter des Königs gewesen; wenigstens finden wir ihn unmittelbar nach demselben in dessen Nähe zu Konstanz[3]), von wo er ihn den Rhein herunter nach Basel und von dort über Freiburg im Breisgau ziehend nach Bamberg begleitete[4]). Konrad überlebte den traurigen Ausgang seiner Unternehmung gegen

---

1) Cf. St. 3595 königl. Urk. 1151 Novbr. 23. Würzburg ist die erste Urkunde, welche Arnold als Kanzler recognoscirt.   2) Jaffé I. p. 345 p. 479.   3) St. 3596 Konstanz 1152 Januar 7.
4) St. 3597 — 3599.

die inneren Feinde des Reiches nicht lange. Krank aus dem Morgenlande zurückgekehrt, war er in den letzten Jahren mehrmals gezwungen sich von den Regierungsgeschäften fern zu halten; so war er auch jetzt im Februar 1152 krank nach Bamberg gekommen, diesmal um seinen Leiden zu erliegen. Am 15. Februar starb er. Es begann die Thätigkeit der Fürsten für die Neuwahl eines deutschen Königs. Zu Frankfurt erhob man nach verschiedenen Vorberathungen endlich Friedrich, den Herzog von Schwaben, Neffen des eben verstorbenen Konrad. Von den Kirchenfürsten war es besonders Arnold II. von Köln[1]), welcher für Friedrichs Wahl gewirkt hatte. Derselbe, welcher bis vor Kurzem Kanzler König Konrads gewesen und von diesem nach Italien gesendet eben zur Zeit, als dieser starb, von dorther zurückgekehrt war. Neben ihm war in gleicher Weise Hillin von Trier[2]) für den Staufer thätig. Der Magdeburger Stuhl war in diesem Augenblick durch eine zwiespältige Wahl für eine Betheiligung an den Reichsangelegenheiten, die sich in den ersten Tagen des März in Frankfurt abspielten, unfähig. Dagegen lernen wir in Heinrich, dem Erzbischof von Mainz, den kennen, der sich dem Staufischen Königthum entschieden widersetzte[3]). Wir wissen nicht, welche Motive es gewesen sind, die den Primas von Deutschland zu dieser Parteinahme bestimmten. — Welche Rolle Arnold von Selehofen bei dem Wahlvorgange und bei den Vorbereitungen zu demselben eingenommen, hören wir nicht. König Friedrich war bei Konrads Tode in Bamberg zugegen[4]), Arnold war eben dort; es ist daher wahrscheinlich, dass dieser sich sofort dem damaligen Schwabenherzog angeschlossen hat. Ob er aber mit Friedrich zusammen in den Maingegenden war, als dieser dort mit den Bischöfen von Bamberg und Würzburg ein jedenfalls seine Wahl betreffendes Gespräch hatte[5]), oder ob er für Friedrich in Frankfurt selbst oder an einer anderen Stelle thätig war, wie Erzbischof Arnold II. in Köln[6]), können wir nicht entscheiden. Am Tage der Krönung tritt uns Arnold von Selehofen als Kanzler des Königs entgegen. Noch an dem nämlichen Sonntag Laetare, an dem Friedrich I.

---

1) Ann. Col. max. Mon. Germ. SS. XVII 764.   2) Ann. Brunwilar. M. G. SS. XVI. 727.   3) Ann. Col. max. M. G. SS. XVII. 764 (rec. 2 additam. cod. 2*).   4) Mon. Boic. XXXVII. 68.   5) Ann. Col. max. M. G. SS. XVII. 764.   6) Jaffé Bibl. I. p. 504 (init.).

durch den Erzbischof Arnold II. von Köln im Dome zu Aachen
gekrönt wurde, recognoscirt Arnold von Selehofen eine königliche
Urkunde für den Abt Wibald von Corvei und Stablo, in welcher
diesem an den Höfen der Könige ergrauten Priester, jedenfalls im
Zusammenhange mit seinem Verhalten bei der Königswahl, die
Rechte und Freiheiten seiner Abtei Stablo bestätigt werden [2]).
Ueber Arnolds Thätigkeit als Kanzler geben uns die von ihm in
der königlichen Kanzlei recognoscirten Urkunden die sicherste aber
auch die beinahe einzige Auskunft. Bei Schriftstellern der Reichsgeschichte wird er nur einmal erwähnt und dieses eine Mal ohne
jeden weiteren seine Stellung oder Person bezeichnenden Zusatz [1]).
Es ist characteristisch für den Standpunkt der Vita Arnoldi, dass
sie über den Zeitraum von $1^1/_2$ Jahr, in welchem Arnold fast
ununterbrochen in Reichsgeschäften thätig war [3]), nichts zu berichten weiss als das, was sie auch in den übrigen Verhältnissen
Arnolds an diesem rühmt, seine Freigiebigkeit gegen Arme und
Bedrängte [4]); selbst das verschweigt ihr Verfasser, dass Arnold
bei zwei Herrschern Kanzler gewesen ist. — Wir vermögen nicht
anzugeben, welchen Einfluss Arnold auf die Ereignisse des ersten
Regierungsjahres Friedrichs I. gehabt hat, kein Bericht giebt uns
davon Kunde.

Bei diesem Mangel an Nachrichten sind uns daher einige
Fälle von desto grösserer Bedeutung, die uns das Ansehen, in
welchem Arnold beim Könige stand, und seine Parteistellung am
Hofe verrathen. — In dem Vertrage, welchen Friedrich mit dem
Herzog Berthold von Zäringen abschliesst, gehört der Kanzler zu
den königlichen Garanten dieser Uebereinkunft [5]). Das zweite Mal,
wo wir Arnold aus seiner gewöhnlichen Kanzleithätigkeit heraus-
treten sehen, wird uns durch eine Urkunde überliefert, in welcher
der König dem Bischof Regitio von Vercelli und dessen Bisthum

---

1) Otto Morena M. SS. XVIII. 589.   2) St. 3615.   3) Unter
den kgl. Urkd. die z. Z. des Kanzlers Arnold ausgestellt worden, und
bei denen die Kanzlei genannt wird, ist nur eine, welche nicht von
ihm recognoscirt ist. St. 3633 Regensburg (Juli) 1152 (der Ursprung
dieser Urkd. aus der kgl. Kanzlei wird von Stumpf angezweifelt).

4) Bemerkenswerth ist hierbei jedoch die Erwähnung der Schotten,
deren einziger Schutz und Schirm Arnold genannt wird. Jaffé III.
608.   5) Jaffé Bibl. I. 514. cf. St. 3628.

»auf Bitten des Papstes und die Fürsprache seines sehr werthen Kanzlers wie anderer hoher Fürsten des Reiches« in seinen Schutz nimmt [1]). Das geschah auf dem (October 1152 abgehaltenen) Reichstage zu Würzburg. Aus derselben Zeit wird uns von einem ähnlichen Fall berichtet, in welchem der König »auf die Bitte seines sehr werthen Kanzlers Arnold und sehr vieler anderer Fürsten« die Abtei Ellwangen in seinen Schutz nimmt [2]). Neben und in Gemeinschaft mit dem Papste und hohen Reichsfürsten ist Arnold ein wirksamer Fürsprecher beim König. Eine ähnliche Fürsprache legte er auch für den Erzbischof von Köln ein. In einem Schreiben, welches Abt Wibald an den Kölner Bischof sendet, und in dem er diesen der Geneigtheit des Königs versichert, nennt er den Kanzler und den Notar als diejenigen, welche Friedrich in dieser Stimmung erhielten, »was bei der Anfeindung gewisser Laien sicherlich nicht gering zu achten sei« [3]). Diese Bemerkung zeigt zugleich die politische Stellung Arnold's in dieser Zeit; er ist ein Anhänger der geistlichen Actionspartei, deren Haupt der Erzbischof von Köln war, jener Partei, welche so lebhaften Antheil an der Wahl Friedrichs genommen hatte. Für das Ansehen, in welchem Arnold bei dem König stand, sprechen zum Schluss noch zwei Umstände, welche uns zugleich auf Arnolds neue Thätigkeit hinüberleiten: Einmal die dem Kanzler von seinem Erzbischofe übertragene Vertheidigung bei der Curie, sodann die von Friedrich I. mehr als begünstigte, beinahe selbständig bewirkte Erhebung Arnolds auf den Mainzer Stuhl. Diese beiden Ereignisse waren die für Arnolds fernere Schicksale entscheidenden, und nöthigen uns deshalb einen Rückblick auf die Mainzer Verhältnisse zu thun, zu deren Leitung Arnold von Selehofen nach der Absetzung des Erzbischofs Heinrich zu Pfingsten des Jahres 1153 vom König berufen wurde.

III.

Um die schliessliche Absetzung des Erzbischofs Heinrich [4]) zu verstehen, ist es nöthig, dass wir die Handlungen, die etwa

---

1) St. 3646. Würzburg 1152. Octbr. 17.   2) St. 3651. Würzburg 1152. Octbr. 24.   3) Jaffé, Bibl. I. 512. Mai 1152.   4) Welchem Hause H. angehörte, ist aus dem vorliegenden Material nicht zu er-

zu diesem Schritte beigetragen haben, in's Auge fassen, dass wir auf die Beziehungen Heinrichs zum Reiche und zur Curie näher eingehen. Ueber seine Wahl zum Erzbischof erfahren wir nichts Näheres, was insofern zu bedauern ist, als wir sonst im Stande wären den Unterschied zwischen dieser und der Wahl Arnolds zu erkennen. Die Schenkungen an Kirchen und Klöster, die Bestätigungen derselben, die Einweihung von geistlichen Stiftern, die Abhaltung von Synoden und ähnliche kirchliche Handlungen, von denen wir aus den Urkunden erfahren, sind für unseren Zweck von geringem Interesse. Von Werth sind uns nur die Angaben, in denen wir Heinrich Kirchengesetze verletzen, päpstlichen Bestimmungen zuwiderhandeln und mit der königlichen Gewalt in Opposition sehen. Ein Fall der ersten Art liegt uns schon aus dem Jahre 1143 [1]) in der Handlungsweise vor, die er bei der Abtwahl zu Corvei einschlug.

Abt Adalbert von Corvei war gestorben, und man wollte zur Wahl eines neuen Abtes schreiten, welche nach der Sitte des Klosters am Todestage des bisherigen Oberhauptes vor sich gehen sollte; allein Graf Sigfrid von Bomeneburg-Nordheim, der Vogt des Klosters, weiss durch geschickte Ueberredung die Mönche zu einem Aufschub von drei Tagen zu bewegen, in denen er seine jedenfalls schon vor dem Tode des Abtes nach Mainz geschickten Boten zurückerwartete.

Den Zweck derselben erkennen wir in dem vom Erzbischof

mitteln. Seiner Verwandtschaft nach zu schliessen, stammt er aus einer edlen, vielleicht gräflichen Familie. Der Propst zu St. Peter in Mainz, Ludowicus, welcher von Erzb. Adalbert II., einem Grafen von Saarbrücken, consanguineus noster genannt wird (Joann II. 465), heisst in einer Urk. H's. noster cognatus (Joann II. 466); auch mit dem Grafen Wigger von Horeburg und dessen Bruder Gotfried von Amoeneburg ist er verwandt. (Gud. Cod. dipl. I. 205. St. Acta Mog. p. 30. 39. ff.) Mit der Mutter des Marquard von Grumbach (St. A. M. p. 43) und mit dem Propst von St. Victor, Gerlach ist er blutsverwandt. (Würdtwein Monastic. palatin. I. 214.) Weidenbach nennt ihn Heinrich von Harburg; auf welche Nachricht hin, habe ich nicht finden können. Wir finden H. seit 1122 als Propst von St. Victor (Joann. II. 615) und seit 1128 auch als Dompropst (Joann. II. 272).

1) Janssen: »Wiebald Abt von Stablo uud Corvei« p. 70 giebt irrig d. J. 1144 an. cf. dagegen Jaffé, Bibl. I. 72.

Heinrich jetzt eingeschlagenen Verfahren. Dieser beauftragt nämlich die nun seinerseits nach Corvei abgesandten Boten, die Wahl auf des Grafen Bruder, Heinrich zu lenken; ja er liess durch diese erklären, dass er bei einer etwa anders ausfallenden Wahl für Nichts einstehe. Dazu fügten die Abgeordneten noch Drohungen hinzu, ihr Erzbischof würde die Weihe eines Anderen als des besagten Heinrich zu verhindern wissen. Hierauf wurde in der That dieser Bruder des Grafen Sigfrid, welcher letztere mit einer Schaar von Bewaffneten der Wahl beigewohnt hatte, zum Abt des Klosters von Corvei gewählt [1]). Wibald, damals Abt von Stablo, vertheidigte noch zwei Jahre später den neuen Abt vor dem Könige [2]), doch, wie er zugibt, nur aus Unkenntniss des Vorgefallenen; daher stimmt er auch nach Kenntniss der Sachlage völlig mit der 1146 März 21 vorgenommenen Absetzung desselben überein, als diesen der päpstliche Legat der Simonie schuldig befindet [3]). Ich habe nirgend finden können, dass der Erzbischof von Mainz wegen des bei der corveier Abtwahl geschilderten Verfahrens vom Papst zur Verantwortung gezogen ist. Wie dem auch sei: Die Wahlbeeinträchtigung, die der Erzbischof Heinrich ausübte, war jedenfalls ungesetzlich. Einige Jahre später (1147) tritt Heinrich in offenen Kampf mit dem Bischof von Bamberg und dadurch indirect mit dem Papst selbst.

Nach dem Tode Bischof Egilbert's von Bamberg [4]) hatte sich der neugewählte Bischof Eberhard vom Papste weihen lassen [5]). Da Bamberg ein römisches Bisthum war, so war dieser Schritt völlig gesetzmässig [6]). Allein der Erzbischof Heinrich behauptete

---

1) Jaffé, Bibl. I. 252 ff.   2) 1145 Aug. 24. cf. Jaffé, Bibl. I. 232.   3) Jaffé I. 232.   4) 1146 Juni 29.   5) 1146 December 31.   6) H. muss dieses Weiherecht zu seinem Metropolitanrechten gezählt haben, welche er über das bamberger Bisthum hatte, und welche ihm päpstlicherseits auch zugestanden werden. In einem der päpstlichen Schreiben, in welchem dies geschieht, könnte man sogar das Recht der Bischofsweihe unter jenen Rechten verstehen. Papst Paschalis II. (Jaffé Reg. pont pont. 4530 d. d. 1106 Mai 21) theilt dem Erzbischof Ruthard von Mainz mit, dass er dem Erwählten von Bamberg quoniam ecclesia per diuturna tam tempora episcopalis officii solicitudine caruit, et propter praeteriti scismatis ultiorem in Teutonici regni partibus perpauci episcopali funguntur officio, juxta

dieses Recht der bamberger Bischofsweihe für sich in Anspruch nehmen zu müssen, und suchte nun erzürnt über solche Misachtung seiner vermeintlichen Rechte das Bisthum Bamberg arg heim [1]).

Ueber den weiteren Verlauf dieser Angelegenheit erfahren wir nichts. Im December 1147 kam Papst Eugen III. nach Trier [2]). Hier hatte sich mit vielen Bischöfen des Reiches auch Heinrich von Mainz eingefunden durch ein ergebenes Schreiben des jungen Königs Heinrich dem päpstlichen Wohlwollen freundlichst empfohlen [3]).

Da wir hier den Erzbischof von Mainz, wie es scheint, im besten Einvernehmen mit Eugen finden und nichts vom Bamberger Streit, der doch eigentlich ein Streit mit der Curie war, erwähnt wird, so ist es wahrscheinlich, dass jene Angelegenheit vorher schon beigelegt war. Eine Vermuthung, für welche besonders die Anwesenheit des Cardinals Thidewin am Hofe des

_____

ipsius postulationem . . . cum . . ad nos . . pervenisset, consentientibus et unanimi sententia decernentibus omnibus, qui nobiscum aderant fratribus, episcopalis benedictionis manum . . . contulimus, salva nimirum debita tue metropolis reverentia. Allein aus einem andren päpstlichen Schreiben, in welchem dieselbe Clausel sich wiederholt, geht hervor, dass sich die Metropolitanrechte durchaus nicht auf das Weiherecht ausdehnen; Papst Innocenz II. stellt dem Bischof Egilbert von Bamberg eine Urkunde aus (Ussermann epatus. Bamberg c. p. 91 ann. 1139 Oct. 20 Jaffé, Reg. Pontt. cf. 5738), worin er die von ihm an Egilbert vollzogene Weihe und die Verleihung des Palliums mittheilt; er nennt dem Bischof die Tage, an denen er dasselbe tragen darf, und gibt oder bestätigt ihm gewisse Rechte; ganz am Schluss des Schreibens ertheilt er ihm noch als besonderes Zeichen seiner Gunst die Erlaubniss innerhalb seines Kirchensprengels sich ein Kreuz vortragen lassen zu dürfen: salva nimirum Moguntine metropolis reverentia. Nachdem zwischen der Erwähnung der Bischofsweihe und dieser Clausel so Vieles dazwischen geschoben ist, hätte unbedingt eine nochmalige Nennung jener Weihe stattfinden müssen, wenn die letzte Clausel des Schreibens auf sie hätte Anwendung finden sollen.   1) cfr. das Schreiben des B. Eberhard a. d. Papst b. Pez Thesaur. VI. 368 . . . domno Moguntino archiepiscopo non judicialiter agente nobis sed excitialiter nos persequente, eo quod vestram obedientiam suae praeponimus, eo quod in episcopali benedictione percipienda de plenitudine gratiae vestrae participere praesumpsimus etc.   2) Gest. Alber. M. SS. VIII. 254.   3) Jaffé, Bibl. I. 144.

Erzbischofs Heinrich 1147 April[1]) spricht. Nachdem so, wie es scheint, der Bamberger Streit beigelegt, zog sich von Neuem über Heinrich die Wolke des päpstlichen Unwillens zusammen. Der Erzbischof war einer Ladung Eugens nach Reims, wohin sich dieser von Trier aus zur Abhaltung eines Concils begeben hatte, nicht gefolgt. Von der hohen Geistlichkeit Deutschlands war auch Arnold I. von Köln diesem Council fern geblieben. In Folge dieses Ungehorsams traf beide Erzbischöfe die Suspension [2]) und Heinrich erhielt sich zu rechtfertigen eine zweite Vorladung: diesmal nach Rom[3]). Als der Erzbischof nicht sofort dieser Ladung Folge leistete, wurde sie päpstlicherseits wiederholt[4]). Wahrscheinlich war mit der Wiederholung derselben die Androhungen einer ferneren Strafe verbunden.

Jetzt gab Heinrich nach und eilte über die Alpen, den erzürnten Papst zu versöhnen[5]); auch diesmal sprach für ihn ein Brief des jungen Königs, der das Nichterscheinen des Erzbischofs auf dem Concil zu Reims bei Eugen III. entschuldigte. Da Heinrich als Erzbischof von Mainz nach alter Sitte in Abwesenheit des

---

1) Joann. II. 587 Dominus Cardinalis sancte Romane ecclesie Thidewinus et sancte Rufine episcopus als Zeuge i. Urk. Erzb. H's 1147 VIII. Id. April.   2) Hist. pont. M.SS. XX. 520 nominatim suspendit . . . archiepiscopos Moguntinum et Coloniensem praeterea omnes, qui non venerant.   3) Ob die Ladung nach Rom eine Strafe dafür war, dass Erzb. H. nicht in Reims erschienen, oder ob schon die Vorladung nach Reims auf eine gegen H. erhobene Klage erging, vermag ich bei dem Mangel an Material nicht zu entscheiden; ich bin geneigt das Erstere für wahrscheinlich zu halten und in der Citation nach Reims eine politische Massregel des Papstes zu erblicken, dessen Streben nach Unterwerfung des deutschen Clerus und Reiches überhaupt während der Abwesenheit des Königs bekannt ist. Jaffé (»Conrad III.« 164) und Janssen (Wibald, Abt v. Stablo ctr. p. 110) behaupten, dass Erzb. H. vorzüglich des Bamberger Streites wegen nach Reims geladen, und als er dort nicht erschienen, nach Rom citirt sei. Allein ich glaube aus der Zusammenkunft des Papstes mit Erzb. H. in Trier und aus dem Erscheinen des Cardinals Thidewin in Mainz Frühjahr 1147 auf eine Beilegung desselben vor dem Reimser Concil schliessen zu dürfen.   4) Jaffé I. 191. In dem Briefe Kg. Heinrichs heisst es vom Mainzer Erzb. quoniam frequenti vocatione vestra commonitus ad celsitudinis vestrae praesentiam nunc festinabat transire.

5) Septemb. 1148 cf. Jaffé, Bibl. I. 191.

Königs Reichsverweser wäre, hätte er ohne grossen Schaden für
das Reich Deutschland nicht verlassen können; auch jetzt brächte
seine Entfernung demselben grossen Nachtheil; daher bittet König
Heinrich den Papst, den Kommenden gnädig aufzunehmen und ihn
nach kurzer Zeit mit väterlichem Segen nach Deutschland zu entlassen[2]). Das geschah auch. Wir sehen Erzbischof Heinrich noch
in demselben Jahre wieder in Ausübung kirchlicher Functionen
thätig[3]).

Der junge König nennt Heinrich Reichsverweser und spricht
von seiner Entfernung aus Deutschland wie von einer damit ver-
bundenen Stockung oder Schädigung der Reichsgeschäfte: Allein
mit diesen selbst sehen wir nicht den Erzbischof in der Zeit der
Abwesenheit des Königs sondern den Abt Wibald beschäftigt.
Wieweit daher unter solchen Umständen jenes Schreiben des römischen Königs in der Angabe seiner Gründe offen ist, bleibt
zweifelhaft. Wahrscheinlicher ist es einen anderen als den angeführten
Grund für die Verwendung König Heinrichs anzunehmen. Letzterer
war schon vor dieser Zeit unzufrieden über die Einmischung des Papstes in die Angelegenheiten des Reiches, die er doch nicht mächtig
genug war zu verhindern[1]). Indem er die Vertheidigung oder
Entschuldigung des Angeklagten übernahm, gab er dem Papste,
dem er in den meisten Stücken, gleichgültig ob durch die Umstände gezwungen oder nicht, zu willen gewesen war, eine Mässi-
gung in der etwaigen Strafe für den Erzbischof, der ihm nur als
Reichsfürst erschien, an die Hand. König Heinrich trat hier,
wenn auch bescheiden und beinahe ängstlich für die Sache der
Krone gegen ultramontane Uebergriffe ein. Von einem ferneren
Schutz durch den königlichen Hof nach der Rückkehr Konrads
erfahren wir nichts mehr. Vielmehr liegen einige Briefe vor,
welche eine beinahe feindselige Haltung des Königs und seiner
Umgebung gegen den Erzbischof Heinrich verrathen. Der König
fordert in einem nichts weniger als freundlichen Schreiben den
Erzbischof auf, dem Erwählten von Köln das Genommene zurück-
zustellen: »Mehr als drei mal haben wir Dich brieflich und durch

---

1) cf. die Abtwahl zu Fulda Jaffé »Conrad III.« 160—162.
2) Jaffé Bibl. I. 190—192.   3) Stumpf, Acta Mog. p. 42; Urkunde Erzb. H. 1148 VIII id. octbr. Moguntia.

Erlasse gebeten, dass Du, was Dir rechtlich zukommt, in der Propstei zu Limburg auf unseren Wunsch und Willen hin ordnest; . . . Du aber hast unsre Bitte nicht nur nicht erhört, sondern sagar den Erwählten der Kölner Kirche gegen die canonischen Vorschriften seines Besitzthums beraubt!« [1]) Auch Wibald, welcher für Erzbischof Heinrich i. J. 1148 beim Papst sich verwandt hatte [2]), zeigt jetzt eine andre Gesinnung gegen denselben. Der Propst Zeizolf [3]) von Speier, der weder bei seinem Bischof noch bei Erzbischof Heinrich hatte Recht finden können, wendet sich über beide klagend an den Papst; und Wibald ist es, der diesem die Sachlage schildert, und zwar derartig, dass man deutlich seine Ansicht, wonach Erzbischof Heinrich der schuldige Theil ist, in dem Schreiben ausgesprochen sieht [4]). Wie diese Angelegenheit für Heinrich ausfiel, erfahren wir nicht, können daher auch nicht wissen, ob sie seine Lage dem Papst gegenüber verschlimmert hat. Bemerkenswerth bleibt aber, dass jetzt, wo eben der König Konrad zurückgekehrt ist, Wibald keine Entschuldigung mehr für Heinrich hat [5]). Nicht lange darauf sehen wir diesen in einem neuen Conflict mit dem Papste. Bischof Gebhard von Eichstädt hatte begonnen das in Verfall gerathene Stift in Heidenheim zu reformiren. Statt der bisherigen Stifsherren sollten Mönche in dasselbe aufgenommen werden. Doch ein früher Tod hinderte ihn an der Ausführung seines Vorhabens. Sein Nachfolger, Bischof Burchard, dachte nicht daran dasselbe zu fördern; er führte vielmehr in Gemeinschaft mit seinem Metropoliten, dem Erzbischof von Mainz, von Neuem Stiftsherren ein. Der Papst war »über dieses verwegene Treiben« [6]) höchst aufgebracht und gebietet Heinrich zugleich die mit Rückführung der durch ihn verdrängten Mönche Beauftragten, den Bischof Eberhard von Bamberg und den Abt Adam von Ebrach, zu unterstützen, »wenn ihm

---

1) Jaffé, Bibl. I. 456.   2) Jaffé I. 299 fideli ammonitioni et pie devocioni vestrae, quam in profectione nostra ad domnum papam nobis exhibuistis H. an W.   3) Der spätere Kanzler Fr's cf. Würdtwein N. subs. dip. VII. 174.   4) Jaffé I. 311. f.   5) Auch ist es auffallend, dass wir den Erzb. H. auf keinem Reichstage (den zu Frankfurt 1149 August 21 ff. ausgenommen) nach der Rückkehr des Königs aus dem Morgenlande erblicken.   6) Jaffé, Reg. Pont. 6547 ausus temerarius nennt es Eugen in seinem Brief an B. v. Bamberg.

die Gunst des apostolischen Stuhles etwas werth sei« [1]). Heinrich muss nachgegeben haben; in dem Schreiben des Papstes für den neu eingesetzten Abt Adalbert von Heidenheim wird wohl vieler Widerwärtigkeiten, die dieser auszustehen hat, aber keiner als durch Heinrich verschuldet Erwähnung gethan [2]). — Entweder war er der Heidenheimer Angelegenheit wegen vom Papst nach Italien geladen worden, oder es sind neue Klagen über ihn laut geworden, welche eine Citation vor den apostolischen Stuhl zur Folge hatten: Kurz wir erfahren, dass an Erzb. Heinrich eine zweite Vorladung vor den Papst ergangen war: In dem Brief, den Eugen III. an Konrad III. sendet, (Signia 1152 Januar 9) [3]) in welchem er diesem die Ankunft der königlichen Gesandten meldet, schreibt er auch: er habe aus Gefälligkeit für den König den Erzbischöfen Heinrich von Mainz und Hartwig von Bremen den Termin sich vor ihm zu stellen hinausgerückt [4]).

Von demselben Tage datirt findet sich an Heinrich selbst ein Schreiben Eugen's, welches gleich in seinem Anfang eine Gereiztheit kund giebt. Er fordert darin den Erzbischof auf, das dem Corveier Kloster widerrechtlich durch Mainzer Parochianen genommene Gut Osthof dem Besitzer wieder zuzustellen [5]). Der Veranlasser dieser Aufforderung war Abt Wibald, derselbe der vorher, wie wir sahen, die Klage des Propstes Zeizolf, und zwar zu Ungunsten Heinrichs dem Papste vorgetragen hatte.

So lagen die Verhältnisse für Erzbischof Heinrich, als König

---

1) Jaffé Reg. pont. 6548 quod in ecclesiam Heidenheimensem clericos reduxisti et nostra id petis auctoritate firmari eo plurimum miramur atque dolemus, quo ex instinctu tibi pontificatus officio te vigilantius oporteret religionem plantare, fovere ac confirmare et non eradicare, disperdere et dissipare ctr.   2) Ueber den ganzen Hergang Näheres: Falkenstein Antiquitat. Nordgav. II. 341 ff.   3) Jaffé Reg. pont. Nr. 6601.   4) Jaffé Bibl. I. 483. Uns liegt ein Schreiben des Königs an Eugen vor (Jaffé I. 480, 1151, nach Sept. 15), worin derselbe die Hinausschiebung des Stellungstermines für den Erzb. v. Bremen erbittet, ein mit der gleichen Bitte für H. ausgestelltes Schreiben besitzen wir nicht.   5) Jaffé I. 486. Der Anfang lautet: unumquemque propris manere contentum nec ad aliena nedum ad ecclesiastica illicite manus extendere, naturalia jura et sanctorum patrum scita pariter centestantur. Jaffé Regg. 6604.

Konrad starb. Da ergriff der Mainzer Erzbischof die Rolle, die jedenfalls am meisten zu dem Schicksal, was ihn ein Jahr später ereilte, beigetragen hat. Es war sein oben erwähntes Verhalten bei der Königswahl zu Frankfurt. Dass der Herzog von Schwaben trotz dieses Widerstandes gewählt wurde, machte Heinrich's Stellung schwierig, wenn es ihm nicht gelang sich mit dem Neugewählten auszusöhnen. Heinrich nahm, wie es scheint, Friedrich gegenüber eine passive Haltung ein; wohl mehr aus Unschlüssigkeit als mit vorbedachter Absicht. Bis zum Schlusse des Jahres hielt er sich vom König fern; weder zur Krönung in Aachen noch auf einem der zahlreichen Reichstage und Fürstenversammlungen des Jahres 1152 finden wir ihn. Endlich als Friedrich im Anfang December nach Mainz kam, sehen wir den Erzbischof in der Umgebung desselben [1]). Auch nach Trier, wohin sich der König von Mainz aus begeben hatte, und wo er das Weihnachtsfest beging, begleitete ihn Heinrich [2]). Doch eine Versöhnung war nicht erfolgt. Vielleicht hatte Heinrichs Reise nach Trier eine solche bezwecken sollen, da er jetzt daran denken musste mit dem König sich auszusöhnen, indem er von der Curie das Schlimmste zu erwarten hatte. Heinrich war wie wir oben sahen im J. 1151 von Neuem vor den Papst geladen worden. Im Anfang des folgenden Jahres wird ihm sein Gestellungstermin hinausgerückt; er war demnach bis zu dieser Zeit der Ladung noch nicht nachgekommen. Wir trafen ihn sodann bei der Wahl Friedrich's; der Erzbischof blieb in Deutschland, indem er es vorzog, sich durch einen Stellvertreter bei der Curie vertheidigen zu lassen. Zu diesem Stellvertreter hatte er Arnold von Selehofen, Kanzler König Friedrichs I. erwählt, der im Herbst d. J. 1152 seine Reise nach Italien unternommen und jedenfalls in den ersten Tagen des Decembers von dort schon zurück war [3]). Er brachte

---

1) Urk. Fr's. 1152. Decbr. 12. St. 3654.   2) Cf. Ann. Camerac. M. SS. XVI. 523. Prutz (Friedr. I. Th. I. 406) irrt daher, wenn er meint Heinr. wäre überhaupt nur einmal am Hofe Friedrichs nachzuweisen. Dagegen ist die Urkunde St. 3666 für Kloster Bobbio, (Constanz 1153 März 28.) in welcher H. Moguntinus archiepiscopus supremusque noster consiliarius heisst v. St. mit Recht für unecht erklärt.   3) Entweder ist Arnold zwischen Aug. 25. und Octbr. 16. oder zwischen Octbr. 24.

seinem Erzbischof Nachrichten, die diesen von den Absichten der Curie wenig hoffen liessen. Vielleicht war es auf Heinrichs Aufforderung geschehen, dass der König damals in Mainz erschien. Nachdem er den Kanzler zu seinem Vertheidiger gewählt hatte, ist es wohl möglich, dass er nun Friedrich selbst für sich zu gewinnen suchte. Dass die Wahl Heinrichs zu seinem Sachwalter in Rom auf Arnold fiel, auf denjenigen, dessen politische Stellung durch seine Kanzlerwürde zu Tage lag, dessen kirchlich strenge Richtung der des Erzbischofs gar nicht entsprach, zeigt wie unsicher sich dieser fühlte. Es war ein kühner aber verzweifelter, letzter Schritt. Wäre es dem Erzbischof gelungen, Arnold zu seiner nachdrücklichen Vertheidigung beim Papste zu bewegen, so ist es offenbar, er hätte dadurch auch beim Könige gewonnen. Doch mit einer solchen nachdrücklichen Vertheidigung durch Arnold hatte es seine eigne Bewandtniss. Die Mainzer Chronik des Erzbischofs Christian aus dem folgenden Jahrhundert weiss viel von Arnolds frevelhaftem Beginnen am päpstlichen Hofe zu sprechen. Sie erzählt mit sittlicher Entrüstung, wie Arnold von vornherein nach dem Mainzer Pontificat begierig die Cardinäle durch Bestechung auf seine Seite gelockt, wie er besonders mit zwei der so Verführten ganz im Vertrauen wegen seines Vorhabens verhandelt, wie er von ihnen die Rolle, die er vor dem Papste als Heinrichs Abgesandter zu spielen, erlernt, und wie er dann seinen Vorgesetzten bei Eugen III. frech verklagt hätte. Ja es wird ihm zugeschrieben, er habe es durch seine Ränke dahin gebracht, dass gerade jene zwei Cardinäle vom Papste als Legaten bestimmt wurden, um über Heinrich in Deutschland zu richten[1]). Denn ein Urtheil war während der Anwesenheit Arnolds in Rom über den Erzbischof von Mainz nicht gefällt worden. Wie weit wir solchen Auslassungen Christians bei seiner Unzuverlässigkeit in Schilderungen des 12. Jahrhunderts, bei seiner Parteilichkeit gegen Arnold Glauben schenken dürfen, ist in der Vorrede bemerkt. Al-

---

und Decbr. 12. auf seiner Reise nach Italien. Jedenfalls war er vom Papste schon zurück, als der König in Mainz (Anfang Decemb.) verweilte. Denn nach dieser Zeit sind die Zwischenräume zwischen je zwei von Arnold recognoscirten Urkunden nicht ausreichend, um in ihnen eine Reise nach Italien ausführen zu können. 1) Jaffé, Bibl. III. 684.

lerdings wurden schon zu Arnolds Zeit Gerüchte ähnlicher Art in Mainz verbreitet[1]), doch das geschah lediglich aus Parteizweck, und blieb die Kunde davon in der Stadt selbst oder fand doch nach Aussen hin keinen Glauben. Keiner der zahlreichen auch nur annähernd gleichzeitigen Berichte, die über Arnolds Erhebung und Heinrichs Entsetzung sprechen, hat dergleichen aufgenommen[2]). Ja vielmehr wird uns ein Fall erzählt, der von Seiten Heinrichs ein Zugeständniss der Schuld in sich schliesst, das jede aussergewöhnliche Erklärung des später ihn treffenden Urtheils durch Annahme einer verrätherischen Handlungsweise Arnolds in Rom unnöthig macht. Gerhoh von Reichersberg erwähnt, indem er die Gerechtigkeitsliebe des Papstes Eugen III. rühmt, wie dieser zwei mächtige Erzbischöfe gedemüthigt habe: den von Mainz und den von Köln, indem er deren Geld verachtet und zurückgewiesen[3]).

1) Jaffé Bibl. III. 611: Quod autem emuli mei maledictionis ac impietatis persone mee notam infligunt, asserentes me prebuisse materiam, qua felicis memorie predecessor meus Heinricus . . . . a sui presulatus decidisset honore . . . . 2) Auch Wegele (Arnold v. Selenhofen p. 27) erklärt die Nachricht Christians für »durchaus nicht geschichtlich, sondern blos für den Ausdruck der Tradition, die sich in Mainz über diese Vorgänge gebildet und erhalten hatte«. Die Beeinflussung der Schilderung Christians oder vielleicht richtiger eine gleiche Anschauungsweise über Arnold habe ich zuerst gefunden in der Continuatio Claustroneoburgensis secunda cod. A. (Mon. SS. IX. 615; cf. über diese Quelle: Wattenbach: Bemerkungen zu einigen österreich. Geschichtsquellen p. 15 ff.): Heinricus Maguntinensis archiepiscopus iniquo judicio deponitur. . . . . Cui successit Arnolfus traditor ejus. Vom 15. Jahrh. an wird diese Ansicht häufiger; die Chronik Gerstenbergers (bei Schminke Mon. Hass. I. 227) bezieht sich auf Christian. Ihm folgen sodann die meisten Werke des 17. und 18. Jahrh. bis auf Bär herunter (Mainzer Beiträge I. 87). Zu den wenigen, die der anderen Arnold günstigen Ansicht folgen, gehört Mabillon (Opp. S. Bernardi epist. 302 not. 157) cf. auch Gallia christ. V. 472; Latomus (catal. aepiscop. Mog. b. Menken III. 500) bleibt unentschieden. 3) Pez thesaur. VI. 541 in einem Briefe Gerhohs an Alexander III.: sed gladium spiritus, quem recte movendo sancto Samueli fuit assimilatus (sc. Eugenius papa) non parcendo . . . . . . hostibus Israel, quorum nonnullos apud eum captos velut in frustra concidit. Novit hoc tota Germania, in qua duos magnos archiepiscopos humiliavit, Moguntinum videlicet et Coloniensem pecunia eorum spreta et reprobata. cf. auch S. Bernardi de consideratione liber III cap. 3; ed Schneider p. 60

Wenn der Erzbischof Heinrich selbst zu solchen Versuchen sich verleiten liess, oder sich schon hatte verleiten lassen als Arnold nach Rom kam [1]), so verliert der Bericht des Erzbischofs Christian auch den letzten Rest von Glaubwürdigkeit. Dem wahren Sachverhalt über Arnolds Auftreten in Rom kommt wohl die Vita Arnoldi näher: Arnold konnte seiner Ueberzeugung getreu niemals den aufrichtig vertheidigen, dem man Verschleuderung und Vergeudung von Kirchengut [2]), ja gänzliche Untüchtigkeit [3]) Schuld gab; und Arnold hat ihn wirklich nicht vertheidigt, wenigstens nicht so, wie Heinrich und sein Anhang es erwartet hatte. Er fühlte sich jedoch seinem Erzbischof gegenüber völlig rein von Schuld. Der nackten Wahrheit habe er göttlichen und menschlichen Satzungen gemäss nicht zuwider handeln können und dürfen [4]). Was man an Arnold in diesem Punkte tadeln könnte, ist die Annahme der Vertheidigung Heinrichs. — Die päpstlichen Legaten, welche mit dem Richteramt über den Erzbischof betraut waren, Bernhard von S. Clemente und Gregor von S. Angelo, trafen schon im März zu Konstanz beim König ein, wo sie den Vertrag Friedrichs mit der Curie abschliessen halfen [5]). In Bamberg, wohin sie dem Könige gefolgt waren, begannen sie ihre richterliche Thätigkeit. Es galt hier noch nicht dem Mainzer Erzbischof; ihr strenges Urtheil traf erst die Bischöfe von Minden, von Eichstädt [6]), von

---

1) Das Jahr, in welchem Heinr. dies gethan haben soll, wird nicht erwähnt; wahrscheinlich nicht auf seine erste Citation — 1148 — hin sondern auf die zweite. Bei jener standen ihm andere Empfehlungen als Geld zu Gebote cf. ob. p. 23 und 25 N. 2.   2) Jaffé III. 611. Otto Frising. II 9 virum pro distractione ecclesiae suae frequenter correptum.   3) Jaffé III. 684. Chron. Christ. quod somnolentus et inutilis haberetur. Ann. Palid. ad. 1153 SS. XVI. p. 88 f. ob inutilitatem .... depositus.   4) Nec ulla reatus imputatio meam in hac re conscientiam stimulat, nisi quia ille bonus homo — cum in sentente penderet articulo, actoribus pro dilapidatione ecclesie et obedientie transgressione acriter in ipsum agentibus, nec haberet, quod rationabiliter proponeret — nitebatur, ut adversus veritatem sibi adsisterem. Quod quia fas non erat manifeste veritati occurrere pertinaciter, nec salva Dei gratia aut tuto honore meo di facere quibam ... ctr.   5) Mon. legg. II. 92 f.   6) Das war Burchard, derselbe, der zu der Verdrängung der Heidenheimer Mönche in Gemeinschaft mit Heinrich vorgegangen war.

Hildesheim. Augenscheinlich müssen wir in diesen zahlreichen Amtsentsetzungen eine Mitwirkung des Königs erblicken, der mit einem thatkräftigen, ihm ergebenen Clerus sich zu umgeben strebte, und dazu die augenblicklich ihm ergebne Curie zu seinen Zwecken heranzog. In diesem Sinne ist auch die Theilnahme des Königs bei der nun folgenden Entsetzung des Erzbischofs Heinrich zu verstehen. Diese fand zu Pfingsten d. J. 1153 zu Worms statt. Die Legaten erkannten ihn schuldig und seines Erzbisthums verlustig [1]). Kein Bericht gibt die bestimmt formulirte, in Worms gegen Heinrich erhobene, Anklage an [2]). Auf einen einzelnen Fall wird sie sich schwerlich gerichtet haben, sondern mehr die Summe allgemeiner gegen ihn erhobener Beschwerden gewesen sein [3]). Es hat Heinrich bis zur letzten Stunde nicht an Vertheidigern gefehlt. Der so gewaltig in die Geschicke der Völker eingreifende Bernhard von Clairvaux verwandte sich für ihn bei den Legaten. »In der Einfalt seines Herzens sei er vielleicht von falschen Freunden umgeben, der Absetzung Würdiges aber habe er in keiner Weise verübt« [4]). Der Brief Bernhards zeigt uns einmal, für wie gefährdet man allgemein die Stellung Heinrichs ansah; der Abt fürchtet für die sofortige Entsetzung seines Freundes; sodann räumt er aber auch eine Schwachheit, eine Uebelberathenheit desselben ein [5]).

---

1) Ueber Otto Frising., der als den Zweck des Erscheinens der päpstl. Legaten in Deutschland nur die Entsetzung einiger Bischöfe angiebt, aber nichts von ihrer politischen Thätigkeit erwähnt cf. Grotefend: Der Werth der gesta Frid. p. 47.   2) Die allgemeinen Anklagen cf. ob. p. 30 Anmerk. 2—3.   3) Erzb. Christian hat mehr über die Ereignisse, welche dem Falle H's. vorausgingen und mit diesem zusammenhängen, gehört als er überliefert; er geht über dieselben aber als scribentibus onerosa, legentibus tediosa hinweg (Jaffé III. 684). Latomus erwähnt in s. catal. aepiscop. Mog. (b. Menken III. 501) ein Schreiben des Papstes Eugen III., worin dieser die Geistlichkeit des Gehorsams gegen Erzb. H. entbindet; in demselben sollen auch einige Gründe der Absetzung H.'s angegeben sein; uns liegt dies Schreiben nicht mehr vor.   4) Jaffé, Bibl. III. 401 f.   5) Schärfer beurtheilt diesen die Hildegard v. Bingen; in einem an H. gerichteten Schreiben sagt sie: o pastores plangite et lugete in hoc tempore, quia nescitis quid facitis, cum officia in Deo constituta dispergitis in facultates pecuniae et in stultitiam pravorum hominum; ... (Deus)

Nach dem vorliegenden Material ist es, glaube ich, klar, dass Heinrich nicht niedrigen Ränken des Kanzlers Arnold erlegen, sondern durch eigne Unfähigkeit gefallen ist. Die Curie sowohl wie das Regiment Friedrichs verlangten für den Stuhl des h. Bonifacius einen thatkräftigen, umsichtigen und ihnen ergebenen Mann. Beider Wünsche begegneten sich in diesem Streben; und als der König sich für die Beseitigung Heinrichs geneigt zeigte, reichte ihm der Papst willig die Hand dazu[1]). Noch auf demselben Tage zu Worms erhielt das Mainzer Erzbisthum sein neues Oberhaupt; es war dies Arnold von Selehofen, der Kanzler des Reiches, der Propst von dem Marienstifte zu Aachen und mehreren Mainzischen angesehenen Stiften.

IV.

Der König ertheilte dem Neuerwählten die Regalien und entliess ihn in seine Metropolis. Hier wurde demselben in Gegenwart der päpstlichen Legaten die bischöfliche Weihe ertheilt[2]).

---

tibi dicit audi, qui in multis servitiis me negligis (C. Mart. et Durand coll. ampl. II. od. S. Hildeg. opuscula Coloniae 1566 p. 17) Heinrich geneigt sprechen sich die Ann. Palid. ad 1153 (SS. XVI. 88) aus; sie nennen ihn einen Pflanzer und Pfleger der Kirche, der, wie der Erfolg gezeigt hätte, durch seine Milde Gott mehr gefällig und dem Stifte mehr nützlich gewesen ist als Arnold durch seine Härte. 1) Der hervorragende Antheil des Kgs. bei der Absetzung H.'s wird so dargestellt bei Otto Frisg. II. 9 (Fr.) Henricum .... per .... cardinales (Bernhardum et Gregorium) deposuit. Chron. Sampetr. (Menken SS. III. 218) rex curiam cum duobus cardinalibus magnoque conventu abbatum ac praepositorum Maguntiensis archiepiscopatus habuit ibique Henricum ... deposuit. Ann. Colon. max. rec. 1. (M. SS. XVII. 764) Henricus Mogontinus archiepiscopus instinctu et voluntate regis depositus est a duobus cardinalibus G. et B. Schon mehr des Papstes Betheiligung heben hervor die Ann. Palid. SS, XVI. 87 missi sunt... ab Eugenio papa duo cardinales G. et B., qui sinente rege magna operati sunt. Entschieden thun dies die Ann. S. Petri Erphesfurdens. (M. SS. XVI. 21) Heinricus .... ex praecepto papae Eugenii depositus est et Arnoldus cancellarius electus est cf. auch die Ann. Magdeb. M. SS. XVI. 191. 2) Jaffé III. 612. — Die erste Urkunde, in der Arnold als geweihter Erzbischof auftritt, datirt vom 12. Juli 1153 cf. Stumpf Nr. 3677.

Es waren sehr getheilte Empfindungen, die man Arnold von Selehofen, dem Erzbischof entgegenbrachte. Mit Jubel empfing ihn seine Partei, die in der Beförderung eines ihrer hervorragendsten Mitglieder zur erzbischöflichen Würde mit Recht einen entschiedenen Sieg erblicken konnte; die Partei der Meingots fühlte die in Arnolds Erhebung für sie liegende Niederlage schmerzlich. Ihr Streben war, die Folgen derselben auf alle erlaubte und unerlaubte Weise von sich abzuwenden. Von Anfang an trachteten sie des Erzbischofs Stellung zu erschüttern. Hierzu bot sich ihnen in der Entsetzung Heinrichs und in der Art und Weise, wie die Wahl Arnolds stattgefunden hatte, die erwünschte Gelegenheit dar. Bald verbreitete man das Gerücht, der neue Erzbischof wäre ein Amtserschleicher, der gegen seinen Vorgänger und Herrn betrügliche Anklage beim Papst erhoben und so diesen verdrängt hätte. In wie weit solche Vorwürfe gerechtfertigt waren, ist oben dargethan worden; wenn man sich aber über die bei Arnolds Erhebung verletzte Wahlform beklagte, so hatte man dazu eher einen Grund.

Die meisten Berichte, welche über diesen Wahlvorgang handeln, stellen dabei — wie bei Heinrichs Absetzung — des Königs Thätigkeit in den Vordergrund, oder melden doch dessen wirksamen Einfluss auf die Wahl [1]). Jedenfalls war die Wahl keine freie; sie war nicht so, wie die Mainzer sie seit der Zeit des Erzbischofs Markolf ausgeübt hatten.

Die Art, wie das Oberhaupt des Mainzer Erzstiftes zu dieser Zeit gewählt werden sollte, ist uns in einer gleichzeitigen Quelle, der Vita Adalberti II., überliefert [2]). Hiernach soll die hohe und niedere Geistlichkeit, die Ritterschaft und das Volk zusammentre-

---

1) Otto v. Freising II. 9. (Fr.) Arnoldum . . per quorundam ex clero et populo, qui illuc (Wormatiam) venerant, electionem ei (Henrico) subrogavit. Chron. Sampetr. (l. c.) rex . . Arnoldum subrogavit. Ann. Col. max. M. SS. XVII. 704 addit. cod. 2: in cujus (Henrici) locum rex Arnoldum substituit. 2) cf. Jaffé Bibl. III. 593 v. 828 ff. Wenn die Wirklichkeit dem dort geschilderten Vorgang auch nicht entspricht, da die Wahl Adalberts II. wesentlich durch den Einfluss Friedrichs von Schwaben und unter des Königs Mitwirkung zu Stande kam, (Otto Fris. chron. VII c. 22 M. SS. XX 260 und Ann. Disibod. ad ann. 1138) so liegt uns in dem Bericht doch die vorgeschriebene Wahlform vor.

ten und in bestimmter Ordnung ihre Stimmen abgeben. Aber die
genannten Elemente sind nur zum Theil bei der Wahl in Worms
zugegen [1]), und werden ausserdem bei derselben durch die Mitwirkung des Königs beeinträchtigt. Die Vita Arnoldi spricht an
mehreren Stellen von der Wahl Arnolds; an einer derselben heisst
es: durch die einmüthige Wahl des Clerus der Mainzer Metropolis, mit der Beistimmung des Volkes, unter Mitwirkung des
römischen Kaisers, unter Vorgang des Papstes, sei Arnold zu
Worms gewählt worden [2]). Etwas später nennt sie dieselbe Wahl
eine canonische, zu Stande gekommen durch das gleiche Votum
der Geistlichkeit, des Volkes und aller Grossen [3]). In der letzten
Stelle liegt uns die verlangte Wahlform vor, wie sie ausführlicher
in den Versen der Vita Adalberti II. geschildert wird. Jene
bringt uns die zwar panegyrisch ausgeschmückte aber der Wirklichkeit mehr entsprechende Wahlhandlung. Es wird hier richtig
die Thätigkeit des Papstes (durch die Legaten), die Mitwirkung
des Königs erwähnt, wie auch bei Otto von Freising. Aber
worin dieser abweicht von der Vita Arnoldi, das ist die Angabe
der übrigen Theilnehmer der Wahl. Auf wessen Seite der Fehler liegt, ist leicht zu erkennen. Die Opposition, welche Arnold
von Anbeginn seines Regimentes in Mainz fand, ist garnicht zu
erklären, wenn die Wahl durch Einstimmigkeit der Wahlberech-
tigten zu Stande gekommen wäre [4]). Aber diese Opposition war

---

1) Ann. Palid. ad 1153 (M. SS. XVI. 87) sagen zwar: presente
. . omni ecclesia Moguntina doch Chron. Sampetr. (bei Menken III.
218). Magno conventu abbatum ac praepositorum Moguntiensis archiepiscopatus; und Ott. Frisg. II. 9 gar: per quorundam ex clero et
populo habe die Wahl A's. stattgefunden.   2) Jaffé Bibl. III.
610. clero Maguntine metropolis unanimi elegente, populo acclamante,
imperatore cooperante, Romano pontifice agente . . . Wormatie, uni-
versa terra plaudente, ad summum meruit provehi sacerdotii gradum.
3) Jaffé III. 612. Postquam ergo canonica electione parilique
voto cleri populique ac omnium principum Maguntine metropolis gu-
bernacula . . . regenda suscepit.   4) Bei dieser Gelegenheit treffen wir zum ersten Male auf eine Stelle, in welcher der Verfasser
der Vita Arnoldi seiner Parteilichkeit für den Erzbischof zu Liebe
die Wahrheit verlässt. Er hat zwei Berichte über die Wahl gegeben,
und beide sind unrichtig. Den Fehler, dass der Verfasser der Vita
zu Gunsten des Erzbischofs die Darstellung entweder durch Verschwei-

bei der Wahl durch Vertreter aus ihrer Mitte entweder garnicht betheiligt, oder hat doch gewiss nicht ihre Zustimmung zu Arnolds Erhebung gegeben.

Nachdem aber Arnold von Selehofen einmal seine erzbischöfliche Würde eingenommen hatte, war er durchaus nicht der Mann, der vor den Schwierigkeiten derselben zurückgeschreckt wäre, indem er seinen Gegnern nachgab; er kannte von Jugend auf seine Feinde und ihr Streben, er wollte sie durch Güte oder Gewalt zwingen seinen Plänen sich zu unterwerfen. Und diese bezweckten nichts Geringeres, als Aufrichtung eines Erzbisthums, in dem die Fülle der geistlichen und weltlichen Macht in den Händen des Erzbischofs ruhte. Der Zustand, in welchem das Erzstift zur Zeit der Entsetzung Heinrichs sich befand, war weit von dem Ziel entfernt, welches der neue Erzbischof sich gesteckt hatte.

Von jenem Zustande wird uns in der Vita ein treffliches Bild gegeben. — Der Verfasser liebt es zur grösseren Lebhaftigkeit seiner Darstellung den Erzbischof häufig redend einzuführen; wie er ihn an andren Stellen lange Gebete halten und Betrachtungen anstellen lässt, so führt er ihn auch gleich nach Mittheilung von seinem Regierungsantritt ein, wie er seinen Freunden die klägliche Verfassung des Mainzer Stiftes schildert: Ein altes, schwer geschädigtes Schiff habe ich übernommen, das vom Sturm wild umhergeworfen die andrängende Fluth nicht länger abzuwehren vermag. Mein Volk ist unbeugsamen Nackens und unbeschnitten an Herz und Lippen und kann nur im Zaum gehalten werden, wenn es mit Ruthen und Scorpionen gezüchtigt wird. Der Mainzer muss eine Gewaltherrschaft ausüben; nirgends ist sicheres Vertrauen; denn die mein Brod essen und unter dem Scheine der Diensteifrigkeit mir beistehen, dürsten nach meinem Blute; mit Trug und List im eignen Hause beobachten sie meine Ferse, kein Verderben ist aber wirksamer als der Feind im Hause [1]).

Da haben wir in kurzen Worten die Schilderung der Zu-

gen von Thatsachen verschiebt, oder gar durch falsche Angaben entstellt, werden wir noch mehrmals an ihm zu rügen haben. Wo wir dies durch Hinzuziehen andrer Quellen im Stande sind, kann seine Darstellung keinen schädlichen Einfluss ausüben; es ermahnt uns aber dieser Fehler, die Ereignisse, welche die Vita allein überliefert, mit Vorsicht aufzunehmen. 1) Jaffé Bibl. III. 611.

stände des Mainzer Stiftes; wir haben noch mehr: In die Regierungs- und Gesinnungsweise Arnolds wird uns hier ein charac-teristischer Einblick gewährt. Mit eiserner Strenge will er vorgehen, um die Uebelstände zu beseitigen. Doch was sind das für Uebelstände und welcher Art die dagegen erlassenen Gebote? Die Antwort hierauf wird uns nicht direct gegeben, aber aus den Massregeln Arnolds von Selehofen ist sie leicht herauszufinden. Diese Massregeln waren gegen Geistliche und Weltliche auf gleiche Weise gerichtet. Sie reinigten den Clerus von unlauteren Elementen [1]) und zwangen die Laien mit dem Ihren zufrieden zu sein [2]). Es war vorauszusehen dass solche strenge Handhabung der erzbischöflichen Rechte nicht ohne Opposition gelingen würde, dass Arnold bei seinem reformatorischen Streben »die Ehre und den alten Glanz des Erzbisthums« in seinem vollen Umfange wiederherzustellen, sich zahlreiche Feinde machen würde [3]). Dieser Folgen war sich Arnold von Anfang seines Regiments an völlig bewusst. Er suchte sich daher gegen diese sicher zu stellen und war bemüht mit seinen früheren Gegnern, der Partei der Meingots, sich zu versöhnen [4]), um bei seinen Reformen eine sichere Grundlage zu gewinnen, auf welche er sich im Falle der Noth stützen könnte. Es scheint ihm indessen eine Versöhnung nicht gelungen zu sein, da wir bei dem ersten ernstlichen Zusammenstoss des Erzbischofs mit seinen Feinden, diese Partei der Ministerialen, den alten Meingot an der Spitze, auf deren Seite erblicken. Für diese Behauptung, dass Arnold ohne Erfolg

---

1) Jaffé III. 612. ecclesie statum, qui valde ob quorundam inso-lentiam conversationemque notabilem a religionis forma deciderat, in melius reformare. 2) Jaffé III. 613. aggressus est dominicalia ecclesie sue, villas quoque et castella aliaque, que dudum sic alienata fuerant, ut vix eorum paterent vestigia, multo labore multisque im-pendiis recuperare. Et de ventre oblivionis immo magis de tyranno-rum potentumque voragine abstracta cepit ea in lucem parere et, utpote dotem titulumque ecclesie sue, strenue prudenterque stabilita tenere. 3) Jaffé III. 612. priscum illius sedis honorem conservare.
4) Jaffé III. 613. Ipso quoque pontificatus sui ingressu, . . . bono pacis . . cepit insistere, quod inimicos suos, quos ab ipsis ado-lescentie sue crepundiis emulos et insidiatores pro virtute habebat. ibi reconciliabat.

eine Versöhnung angebahnt hat, spricht auch der Bericht der Vita Arnoldi. Der Verfasser weiss nur von Arnolds Bemühungen den Frieden aufzurichten; das etwaige Misslingen derselben giebt er der anderen Partei Schuld, auf sie lässt er alle Folgen und deren Verantwortung zurückfallen [1]). Doch welcher Art können die entgegenkommenden Schritte des Erzbischofs gewesen sein? — Entweder hat er sich der ganzen Partei durch Nachgeben genähert oder er hat nur ihre Führer durch Versprechungen persönlicher Natur sich zu gewinnen versucht. Die erstgenannte Möglichkeit steht zu sehr im Widerspruch mit der Tendenz der neuen Regierung, als dass wir annehmen könnten, Arnold habe auf solche Weise sich Ruhe vor seinen Gegnern verschaffen wollen; das hätte Aufgebung der eignen und Anerkennung der feindlichen Principien bedeutet. Wahrscheinlicher ist, dass der Erzbischof die Führer seiner alten Gegner, sich zu verbinden gestrebt hat; dass er jetzt schon versuchte, was ihm erst einige Jahre später gelang, was aber so verhängnissvoll für ihn endigen sollte. Doch, wie gesagt, die erste Annäherung misslang, und zu den alten Feinden kamen neue hinzu, als der Erzbischof jetzt mit seinen Reformplänen vorschritt. Am empfindlichsten wurden durch dieselben die mächtigen Vasallen der Kirche betroffen, die bisher in dem Besitz der vom Erzbischof Arnold jetzt als Kircheneigenthum zurückverlangten Güter und Rechte waren.

Es müssen damals in der Mainzer Kirche ähnliche Zustände geherrscht haben, wie sie uns so lebhaft in dem Berichte des Abtes Marquard von Fulda geschildert werden [2]), und wie sie nach dem Tode Arnolds noch einmal über das Mainzer Stift hereinbrechen sollten [3]). Die grossen Vasallen des Erzbisthums, die Grafen und edlen Herren, auch die Ministerialen betrachteten das von der Kirche zu Lehen erhaltene Gut für eignen Besitz, nahmen gewaltsam neues hinzu, verpfändeten andres, kurz thaten Alles, um die Rechte des Stiftes zu schmälern. Gegen sie richtete Arnold seine Bestimmungen, diese waren es, welche Arnolds gesetzlich begründete, aber empfindliche Umgestaltung der Ver-

---

1) Jaffé III. 613.   2) cf. Boehmer: fontes rer. Germ. III. 165 ff.
3) cf. die Urkunde Erzbischof Konrads bei Stumpf acta Mogunt.
p. 114.

hältnisse traf. Sodann wendete er sich gegen die Geistlichkeit; auf einem noch im ersten Regierungsjahre abgehaltenen Concile [1]) wurden sämmtliche einer Schuld überführten Geistliche aus ihrer Stellung entfernt [2]). Die Opposition, welche von Anfang an gegen Arnold bestand, pflanzte sich bei solch energischem Vorgehen immer weiter fort und fand besonders unter den grossen Vasallen des Erzstiftes ihren Wiederhall. Sie einigten sich unter dem Pfalzgrafen vom Rhein, und als im Jahre 1155 Friedrich von Deutschland abwesend war, um in Rom die Kaiserkrone zu erhalten, machte sich die Unzufriedenheit in offener Empörung Luft.

Arnold von Selehofen, wie auch der Pfalzgraf vom Rhein, Hermann von Stableck, gehörten nicht zu den Theilnehmern der Romfahrt [3]). Dieser letztere war es, der jetzt mit seinen Genossen — genannt werden Emicho Graf von Leiningen, Gottfried Graf von Spanheim, Heinrich Graf von Katzenellnbogen, Konrad Graf von Kirberg, Heinrich Graf von Dietz [4]) — das Erzstift durch Feuer und Schwert heimsuchte, die festen Schlösser desselben zerstörte, die offenen Höfe verwüstete, Kirchen und Klöster plünderte; so klagt Arnold seinem alten Freunde, dem Abt Wibald von Corvei [5]). Der Brief des Erzbischofs weiss keinen

---

1) Jaffé III. 612. steht nur Letare Jherusalem ohne Angabe des Jahres. Nur die Jahre 1154 oder 1155 können gemeint sein. 1155, in welchem Jahre »Laetare« auf März 6 fiel, ist Arnold, wie aus Urkunden hervorgeht, vor und nach dem 9. März in Sachsen. cf. Zeitschr. f. hess. Gesch. I. 162 u. Wigand, westfäl. Archiv IV. 222. Das Concil kann also nur in das Jahr 1154 fallen. Laetare Jerusalem war in diesem Jahre März 14. 2) Jaffé III. 612. unde tandem, auctoritate apostolica in Letare Jherusalem totius sui metropolitanatus convocato concilio »manifestam hominum suspectionem« .... a cleri eliminavit consortio. 3) Sie scheinen beide durch des Königs Gunst von der Pflicht einer Heeresfolge bei diesem Zug enthoben oder durch anderweitige Leistungen davon befreit gewesen zu sein. Denn nirgend wird erwähnt, dass sie wegen ihrer Nichtbetheiligung zur Rechenschaft gezogen sind. 4) cf. Ann. S. Disib. M. SS. XVII. 28. 5) quod palatinus comes de Reno, teste Deo nullam in nos causam habens, contra fidem et sacramentum, qua nobis erat astrictus, ex insperato, ex improviso aecclesiae Maguntinae et nobis cum nonnullis iniquitatis suae complicibus violentiae manus injecit, castra nostra destruxit, homines nostros captitavit, curtes nostras non solum rapinis devastavit ctr. bei Jaffé Bibl. I. 571.

Grund der Feindseligkeiten des Pfalzgrafen, er lässt den Angriff desselben ohne jegliche Veranlassung seinerseits, ganz unverhofft geschehen. (Erst spätere Berichte melden, dass Arnold den Pfalzgrafen wegen Belästigung des Wormser Bisthums in den Bann gethan und dieser den Schritt des Erzbischofs mit einem Einfall in's Mainzer Gebiet vergolten habe [1]). Der wahre Grund, den auch die Vita erkennen lässt [2]), lag eben darin, dass der Pfalzgraf durch die Reformen Arnolds Länderbesitz eingebüsst hatte, welchen er vorher widerrechtlich der Mainzer Kirche genommen. Diesen suchte er wieder zu erlangen. Dass dieses Streben nach Vergrösserung seines Gebietes der Grund war, zeigt sich deutlich in dem Beginnen Hermanns von Stahleck, der schon während jenes Kampfes mit dem Erzbischof das genommene Land seiner Oberhoheit unterwirft [3]). In derselben Lage wie der Pfalzgraf waren die Grafen. Aus dem nämlichen Grunde wie dieser beginnen sie den Kampf gegen den Erzbischof. Ihnen schliesst sich aus ähnlichen Motiven bewogen von den Ministerialen die Partei der Meingots an [4]). Von den Bürgern und Zünften wird nichts erwähnt; sie scheinen dem Aufstande fern geblieben zu sein.

Arnold, den so diejenigen verliessen, welche das Erzstift gegen seine Feinde vertheidigen sollten, sah sich hart bedrängt. Er sucht daher erst durch Güte die Gegner zu gewinnen [5]), aber vergebens. Er fordert sie zur Rechenschaft vor [6]). Sie erscheinen

---

1) Trithemius Chron. Hirsaug. 1155. Schannat. hist. Worm. episc. I. 355. Auch in der zweifelhaften Narratio b. Joann. II. 81.

2) Cum autem in episcopatus sui ditione persisterit . . . in tantum ut prerogativa justitie et sapientie sue cunctis inclitis terre principibus et tyrannis formidabilis foret. Jaffé III. 613.

3) Jaffé Bibl. I. 571. (Hermanus) castra nostra destruxit ctr. cf. vorige Seite N. 5 . . . non solum devastavit, verum etiam suae ditioni subjecit. 4) Jaffé III. 614. ascitis hiis, qui a primordiis adolescentie sue in boni viri necem ardebant. Damit z. vergl. p. 615. fin. 5) Jaffé ibid. multisque ad hec que necessaria videbantur adhibitis, ea, que pacis erant, cepit primum rogare.

6) Ibid. postquam legittimis eos vocarat induciis et ad satisfactionem venire contempserant. Hierin ist der Character des Kampfes ausgesprochen; es ist ein Kampf des Lehnsherrn gegen seine Vasallen und Dienstmannen. Wegele l. c. p. 8 sagt: »Nachdem Ar-

nicht. Da spricht der Erzbischof über seine sämmtlichen Gegner
den Bann aus [1]) und greift nun auch seinerseits zu den Waffen.
Um aber die Kosten der Rüstung und Kriegsführung zu bestreiten,
reichen seine Mittel nicht aus. Er sieht sich genöthigt Kirchengut hinzuzunehmen [2]). Von dem auf 600 Pfund geschätzten goldenen Crucifix, welches Erzbischof Willigis einst der Domkirche
geschenkt, und von dem schon Markolf, sein Pallium zu bezahlen,
ein Bein losgelöst hatte, lässt Arnold jetzt das andere Bein zu
Geld machen [3]). Andres Kircheneigenthum verkauft er eigenmächtig [4]) oder vertheilt es an Laien, sicherlich um deren persönliche Hülfeleistung im Kampfe zu erhalten [5]).

Der Kampf selbst wurde von beiden Seiten mit der grössten Heftigkeit geführt [6]). Aber Arnold befand sich von Anfang
an seinen Feinden gegenüber im Nachtheil. Fast nur auf Mainzer Gebiet wurde der Streit ausgefochten [7]). Der Pfalzgraf war
mit seinen Genossen dort eingefallen, und Arnold konnte ihn trotz
der grössten Anstrengung nicht wieder daraus vertreiben. Der
oben erwähnte Klagebrief an Abt Wibald ist von dem Erzbischof
nicht nur geschrieben, von sich die Strafe wegen der von ihm
ergriffenen Selbsthilfe abzuwälzen durch lebhafte und vielleicht
übertriebene Schilderung seiner traurigen Lage, sondern ist hin-
sichtlich der letzteren jedenfalls mit der Wirklichkeit in Einklang [8]).

Kaiser Friedrich kehrte im September zurück; und wenn
der Streit Arnolds mit dem Pfalzgrafen nicht schon vorher been-

---

nold die Meingotsche Fraction vergebens . . vorgeladen hatte«. In
den betreffenden Stellen der Vita werden aber nicht die Ministerialen
hervorgehoben; und unter den »tyrannis« scheinen mir wenigstens die
Grafen gemeint. 1) Jaffé III. 615. ab omni fidelium eliminati
consortio. 2) Ibid. 614. apertis thesauris suis et ecclesie sue.
3) cf. Ann. S, Disibod. M. SS. XVII. 29 ad ann. 1160.
4) Hierauf zu beziehen der Eingang d. Urk. A's. 1158 bei Stumpf
A. M. p. 71. 5) Jaffé III. 403. Die Klage der Domcanoniker bei
dem Papst. 6) Jaffé III. 615. Certatum est magna vi multoque
discrimine. 7) Ott. Fris. II. 28 totam pene Rheni provinciam
et praecipue Maguntinae civitatis nobile territorium praeda caede et
incendiis commacularant. 8) Chron. Sampetr. (bei Menken SS.
III. 219) giebt allein Nachricht von dem für Arnold unglücklichen
Ausgang des Kampfes; »Arnoldus terga vertit«.

det war, oder doch ruhete, jetzt war ihm sein Ende von selbst
gegeben. Beide, der Pfalzgraf und der Erzbischof, gingen dem
heimkehrenden Herrscher entgegen, jeder in der Absicht, diesen von
der Gerechtigkeit der eigenen Sache zu überzeugen, indem jeder
dem Gegner die Schuld beimass [1]). Bei diesem ersten Zusammentreffen mit dem Kaiser [2]) wurde die Angelegenheit der beiden
Fürsten noch nicht entschieden. Das geschah erst zu Weihnach-
ten desselben Jahres auf dem Tage zu Worms. Dort wurden
Arnold sowohl wie der Pfalzgraf des Landsfriedensbruches für
schuldig befunden und beide mit ihren Genossen zu der strengen
Strafe des Hundetragens verurtheilt. Der Pfalzgraf mit seinem
Anhange musste die Strafe in der That abbüssen; Arnold selbst
wurde mit Rücksicht auf seine geistliche Würde, sein Alter und
seinen Wandel die Strafe erlassen; die Grafen Wilhelm von Gliz-
berg und Ludwig von Lohim, welche in dem Kampfe zu ihm
gestanden, die Einzigen, welche als solche namhaft gemacht werden, wollten sich der verhängten Strafe unterziehen, wurden jedoch
durch kaiserliche Gnade davon losgesprochen [3]). — Beide Reichsfürsten scheinen indessen bald wieder die Gunst des Kaisers er-
langt zu haben; im folgenden Jahre finden wir sie häufig in dessen
Umgebung; den Pfalzgrafen noch drei Tage vor seinem Tode [4]).

---

1) Ott. Fris. II. 28 uterque alter de altero quaerimoniam facien-
tes.   2) Ibid. mediante octobre in Regensburg.   3) Ann. S.
Disibod. M. SS. XVII. 29. Ott. Fris. II. 28.   4) Wegele l. c. p.
33. N. 41 sagt: »Pfalzgraf Hermann verlor bald nachher auch seine
Würde an des Kaisers Halbbruder Konrad«: Aber in allen Urkunden
d. J. 1156, in denen dieser Konrad auftritt, heisst er nur: »Conradus
dux frater imperatoris« z. B. i. kaiserl. Urk. 1156 Febr. 20 (St. 3736)
oder 1156 Juni 13. (St. 3742). In letzterer und einer anderen vom
17. Juni (St. 3743), ebenso i. Urk. vom Sept. 17 (St. 3755) erscheint
neben ihm Hermannus Palatinus comes de Rheno. Kurz Hermann
verblieb in seiner Pfalzgrafenwürde bis an seinen Tod, der ihn allerdings schon 1156 Sept. 20 ereilte (Jaffé III. 727). Erst nach dieser
Zeit wird Konrad Pfalzgraf vom Rhein. Ueber Hermanns angebliche
Absetzung oder Verzichtleistung und seinen beabsichtigten Eintritt
ins Kloster cf. Bousson: Pfalzgraf Konrad p. 24 ff. Am Schluss sei
noch auf die entstellende Darstellung der Vita hingewiesen, welche
das Strafgericht in Worms als ein Gericht des Kaisers und des Erzbischofs über die Gegner des letzteren darstellt; von einer Schuld
oder gar von einer Bestrafung Arnolds weiss sie nichts.

So war durch kaiserliche Dazwischenkunft und Entscheidung der offene Kampf beendet, ob aber die Differenz, welche den Kampf hervorgerufen, beigelegt war, wird nicht gemeldet; wir erfahren nicht, wie die Frage wegen der vom Erzbischof und seinen Vasallen gleichzeitig beanspruchten Besitzungen entschieden wurde. Wahrscheinlich ist man sich in seinen Ansprüchen entgegen gekommen. Ausser dem durch Zeugenunterschriften [1]) immerhin zweifelhaften Beweise für eine erfolgte Aussöhnung — denn auch die Häupter der Opposition erscheinen in den Urkunden Arnolds bis 1160 — geben uns für eine solche die Disibodenberger Annalen durch die Angabe, dass die Grafen bei dem späteren Aufstande des Erzbischofs Stütze gewesen seien, das sicherste Zeugniss [2]); von Konrad, dem Bruder des Kaisers, welcher nach dem Tode Hermanns von Stahleck in die Pfalzgrafenwürde eingesetzt war, erfahren wir, dass er mit Erzbischof Arnold befreundet war [3]). — Als fernere Theilnehmer am Aufstande des Jahres 1155 hatten wir die Meingotische Partei der Ministerialen kennen gelernt; jene Partei, der Arnold bei Beginn seines Regiments sich vergeblich zu nähern versucht hatte. Auch sie gewann der Erzbischof jetzt, oder vielleicht richtiger ihren Führer, den alten Meingot. Dieser, dem in Folge seiner Empörung die Lehen abgesprochen waren, erhält letztere nicht nur zurück [4]), sondern tritt auch dem

---

1) Die Grafen von Kirberg (comes silvester et comes hirsutus) fehlen selten unter den Zeugen der Urk. A's. auch Graf Gotfr. von Spanheim begegnet uns darin. Graf Heinrich von Didesso (Diethese — Diessen ctr.) sehen wir später ebenfalls in A's. Umgebung. [cf. Stumpf A. Mog. p. 69. 71. ctr.] Auch Embricho von Leiningen mit Heinrich von Kazenelnbogen [Gud. I. 404 ann. 1160]. Das Fehlen des Pfalzgrafen Konrad in den Urkdd. A's. ist durch dessen fast ununterbrochenes Verweilen am kaiserlichen Hofe erklärt; über sein freundschaftliches Verhältniss zu A. cf. die folgd. Note 3.

2) Ann. Disibod. SS. XVII. 29. ad ann. 1159.   3) Als A. Dezbr. 1159 zum Kaiser kam, der mit seinem Heere Crema belagerte, nahm er die Gastfreundschaft des Pfalzgrafen Konrad in Anspruch (et quia vicinior curiae et) quia ei familiarior erat. cf. Jaffé III. 640.

4) Doch die Würde des Vicedominus Mogunt., die er bis 1155 bekleidet, scheint er durch seine Empörung verloren und nicht wieder erhalten zu haben. cf. Ukd. As. 1155 Novb. 23 Mainz: Helphericus viced. Beschrbg. d. Stadt Göttingen III. 110.

Erzbischof persönlich nahe, wird dessen vertrauter Freund und Rathgeber [1]). — Zwei andere Bestandtheile der Bevölkerung des Erzstiftes: die Bewohner der Stadt Mainz und die Mainzer Geistlichkeit treten bei dem Aufstande des Pfalzgrafen garnicht oder wenig hervor. Von einer Betheiligung der Städter, der Kaufleute oder Zünfte etwa wird nichts erwähnt. Der Erzbischof hält sich zur Zeit, da der Kampf schon lange begonnen hatte, in Mainz auf [2]). Er rüstet hier für den Kampf. Er kann es sogar wagen ohne Einwilligung der Geistlichkeit und der Gemeinde Eingriffe in das Kirchengut zu thun; die Gemeinde bleibt, wie es scheint, ruhig, und die erzürnte Geistlichkeit erhebt sich nur zu einem durchaus gesetzlichen Protest gegen die Handlungsweise ihres Erzbischofs [3]). Es war der durch des Kaisers Dazwischenkunft beigelegte Aufstand ein Aufstand der mächtigen Vasallen und Dienstmannen des Stiftes, keine Auflehnung der Stadt, »der aufstrebenden Bürgerschaft« gegen ihren Herrn [4]). Ueber die Betheiligung dieser letzteren bei der späteren Empörung werden wir weiter unten zu sprechen haben. Da werden sie auch in den Berichten erwähnt und von den Zünften die meisten namentlich genannt; ich wüsste keinen Grund anzugeben, weshalb die Quellen die Theilnahme der cives an dem Aufstande des Jahres 1155 verschweigen sollten, wenn eine solche überhaupt stattgefunden hätte; ein Zusammenhang zwischen dem ersten und dem späteren Aufstande ist allerdings vorhanden, doch ist dieser nicht durch die cives sondern durch die Ministerialen hergestellt. Diese schliessen sich der Empörung des Pfalzgrafen und der Grafen an, und als die letzteren sich mit dem Erzbischof ausgesöhnt haben, werfen sie sich selbständig einige Jahre später zu Führern und Leitern eines neuen Aufstandes auf, bei welchem es ihnen gelingt

---

1) Jaffé III. 615 f. quendam . . . . ministerialem suum nomine Mengotum, ... intercedentibus pro ipso principibus, in gratiam recepit . . . . Receptum itaque tanta gratia cepit respicere, quod restitutis omnibus que lege beneficiorum amiserat, eum inter primos et precipuos amicos haberet diligeret et foveret; . . . Ingrediebatur itaque Mengotus ad domnum episcopum et egrediebatur; intereratque cousiliis et secretis ipsius ctr.   2) cf. Urkde. A's. 1155 Juni 20 data Moguntie Gud. I. 223 f.   3) cf. das Schreiben Adrians IV. an Erzb. Hillin v. Trier bei Jaffé III. 402 f.   4) Wie Wegele meint.

die cives mit hineinzuziehen, doch so, dass sie auch dann noch die Träger der Feindseligkeiten gegen den Erzbischof bleiben, wie die fernere Darstellung ergeben wird. —

Doch vorerst schien durch Gewinnung des alten Meingot von Seite der Ministerialen nichts zu fürchten. Aber ein anderer Gegner des Erzbischofs hatte nach Beendigung der bisherigen Streitigkeiten an Bedeutung gewonnen. Es war dies die Mainzer Geistlichkeit. Wie schon erwähnt, hatten sie einen Protest gegen die eigenmächtige Handlungsweise Arnolds erhoben; dieser wollte derartige Regungen zu einer Zeit, da ihm seine Gegner viel zu schaffen machten, unterdrücken [1]. Doch bei einem solchen Versuch stiess er auf hartnäckigeren Widerstand als er wohl erwartet hatte. Denn als die Geistlichen in Mainz zu ihrem Rechte nicht kommen konnten, wandten sie sich an Papst Hadrian IV. Vier Canoniker des Domstiftes überstiegen im Anfang des Jahres 1156 die Alpen und trugen dem heiligen Vater ihre Beschwerde vor. Die Folge davon war, dass Hadrian die Angelegenheit dem Erzbischof Hillin von Trier als apostolischem Legaten zur Untersuchung überwies, wenn es der Mainzer Erzbischof nicht vorziehen sollte, vor ihm, dem Papste, persönlich sich zu rechtfertigen [2]. Arnold ging erklärlicher Weise nach Italien; dem Gericht des Erzbischofs von Trier wollte er sich doch nicht unterstellen [3].

---

1) Die Klage der Domcanoniker ging dahin, A. habe jegliche Appellation an den apostolischen Stuhl verboten. Da wir die Vertheidigung A's. nicht kennen, ist es nicht möglich, bestimmt das Wahre oder Falsche dieser Anklage festzustellen. Ich glaube indess aus dem äusserst günstigen Resultate, welches A's. Reise zum heiligen Vater hatte, schliessen zu dürfen, dass A's. Verbot so, wie es die Domcanoniker hinstellten, nicht gelautet hat: A. würde in jenem Falle sich Eingriffe in die Rechte des Papstes haben zu Schulden kommen lassen, welche dieser wohl schwerlich mit Belohnung und Auszeichnungen für den Mainzer erwidert hätte. Wahrscheinlich bezog sich A's. Verbot auf die Appellation an den Erzb. v. Trier, dafür scheint die Darstellung in der Vita zu sprechen: cf. die flgd. Note 3.

2) Das Schreiben des Papstes an Hillin über diese Angelegenheit Jaffé III. 402—403. 3) Hillin war die apostol. Legatur über Deutschland erst kürzlich bestätigt worden [Beyer Mittelrhein. Ukb. I. 651. Urkde. Papst Hadrian IV 1155 Octb. 7. Prutz: Friedrich I. p. 331 behauptet, Hillin sei »zu diesem Zwecke (sc. des Arnoldisch.

Von einem stattlichen Gefolge umgeben verliess Arnold von Selehofen Ausgang März d. J. 1156 Deutschland. Der wenig erfolg-

---

Streites mit den Canonikern) ausdrücklich zum päpstlichen Legaten
ernannt« worden. Doch davon steht nichts in den Quellen, stimmt
auch nicht recht der Zeit nach; Anfang Octbr. war die Ernennung
Hillins, erst Febr. folgd. Jahres wird ihm die Klage gegen A. über-
wiesen. Die Uebertragung der päpstl. Legatur über Deutschland an
Trier war für dieses Erzbisthum kein novum, (cf. päpstl. Urkd. 1137.
Octbr. 2 für Adalbero bei Beyer l. c. 549. cf. daselbst auch p. 303)
bedurfte deshalb wohl keiner besonderen Veranlassung zu ihrer damaligen Erneuerung] und bei dieser Gelegenheit war der Mainzer Sprengel
nicht von der Trierschen Legatur ausgenommen; dass er im Gegentheil
derselben unterworfen war, besagt die Ukd. Hadr. IV. für Arnold, worin
dieser bei Erlangung der päpstl. Legatur über seinen Sprengel erst
cum toto episcopatu suo et cum suffraganeis suis episcopis a jure legationis . . . . . Treverensis episcopi absolvirt werden muss (Jaffé III.
404; data Narniae 3. Idus Augusti (1156)). Es ist die Feststellung
dieser Thatsache wesentlich für die Beurtheilung des Standpunktes
und des Werthes der Vita Arnoldi; dort heisst es (III. 622): cum Treverensis archiepiscopus legationis qua fungebatur potestatem ad Ger-
manie omnes ecclesias quadam jurisdictione intenderet . . . und kurz
vorher: ne cujuspiam vicini peregrina diffinitio ejus (Mogunt. eccles.)
libertatem, qualibet potestate nacta, deprimeret . . . . Der Verf.
läugnet somit das Recht der apostol. Gewalt Triers über Mainz;
wahrscheinlich aber nicht aus unzureichender Kenntniss der Sachlage,
sondern weil A. jenes Recht ebenfalls läugnete: denn ich glaube, dass
dahin der Beschluss jener Synode, von welcher die Anklage der Domcanoniker erzählt, zu verstehen ist. A. liess durch dieselbe nicht,
wie jene Anklage behauptet, die Berufung an den apostol. Stuhl ver-
bieten, sondern die Berufung an den apostol. Legaten in Trier, dessen Macht über Mainz von ihm nicht anerkannt wurde. Und in diesem Arnoldisch-Mainzischen Sinne schrieb nun der Verfasser von der
peregrina diffinitio cujuspiam vicini, welcher qualibet potestate nacta
die Freiheit der Mainzer Kirche unterdrücken wollte. — Und eine
ähnliche Parteilichkeit lässt den Verf. der Vita die unangenehme
Veranlassung zur Reise nach Italien, die Klage der Geistlichen, die
Citation vor den Papst verschweigen. Aus eignem Antriebe unter-
zieht sich seiner Darstellung nach A. zur Rettung der Kirchenfreiheit
v. Mainz den Mühseligkeiten der weiten Reise. Die Erfolge derselben: die Befreiung von Trier und die eigne Erlangung der apostolischen Legatur würde er nach Erwähnung des eigentlichen Sachver-
haltes nicht bedingungslos als A's. Verdienst haben bezeichnen kön-

reiche Zug Kaiser Friedrichs I. vom letzten Jahre hatte die Er-
bitterung gegen die Deutschen in Oberitalien gesteigert, ohne
eine heilsame Furcht vor denselben zurückgelassen zu haben. Es
war unter solchen Umständen für Arnold nicht rathsam durch die
Lombardei zu reisen. Er wählte deshalb den Weg durch Oesterreich, Steiermark, Kärnthen ans Adriatische Meer. Auf der Ue-
berfahrt nach Venedig überraschte die Flottille des Erzbischofs
ein Sturm, der vom Verfasser der Vita mit Verwendung vieler
classischer Erinnerungen beschrieben ist [1]). Venedig stand mit
den Deutschen im Bunde; es hatte sich bei der Kaiserfahrt Friedrichs von diesem den Vertrag seiner Vorgänger erneuern lassen [2]). Als daher Arnold — Ostern 1156 [3]) — hier eintraf,
ward ihm die ehrenvollste Aufnahme zu Theil. Ein Zwischenfall
scheint die Reise selbst zwar nicht mehr betroffen zu haben; was
aber das eigentliche Ziel derselben, das Zusammentreffen Arnolds
mit dem Papste betrifft, so wurde dieses noch längere Zeit durch
die politischen Verhältnisse Unteritaliens vereitelt. Der Krieg,
in welchem der heilige Vater mit König Wilhelm von Sicilien lag,
verhinderte die sofortige Erledigung der Angelegenheit des deutschen Erzbischofs; dieser war somit gezwungen, darauf bis nach
dem wiederhergestellten Frieden zu warten. Bis dieser Zeitpunkt
eintrat, blieb er geduldig in Narni, wo denn auch endlich nach
dem Frieden, von Benevent her kommend, Hadrian IV. erschien [4]).

---

nen: um den Ruhm seines Erzb. nicht zu schmälern, verschweigt er
Fakta, die für dessen Beurtheilung nachtheilig seien könnten.
    1) Jaffé III. 622 f. Besonders sind berücksichtigt Wendungen
Horazischer Oden, und jedenfalls hat dem Verf. auch aus Ovid (Metam
XI. 489 ff.) der Seesturm, in dem Ceyx umkommt, vorgeschwebt. Einen
eigenthümlichen Eindruck jedoch macht seine Darstellung dadurch, dass
er zwar die poetische Sprachweise seiner Muster beibehält, sie aber
durch eigne Worte untermischt, wobei er der mittelalterlichen Schreibweise entsprechend eine grosse Vorliebe für Bildung auf io, atio, itio,
tas zeigt.   2) Stumpf 3702; 1154 Dezbr. 22. (cf. St. 3332 die Erneuerung der Verträge der Kaiser Otto und Heinrich durch Lothar).
    3) Jaffé III. 623. ˙ Venetie applicantur et gaudia˙, que tunc im-
minebant, feriarum paschalium celebrarunt. Ostern fiel 1156 auf den
15. April.   4) Zwischen dem 8. und 11. Aug. 1156 cf. Jaffé Regg.
6943 f. Wahrscheinlich ist die bedrängte Lage des Papstes der

Es muss Arnold gelungen sein sich gegen die Anklagen der Canoniker zu rechtfertigen, denn statt einer Zurechtweisung und Demüthigung, welche das Domkapitel seinem Metropoliten wohl zugedacht hatte, fand dieser bei der Curie die höchste Auszeichnung; für sich persönlich sowohl [1]) wie für sein Stift. Im Hinblick auf seine und seiner Vorgänger Verdienste um die römische Kirche erhält Arnold von Mainz für seinen gesammten Sprengel mit der Befreiung von der apostolischen Legatur des Erzbischofs von Trier die Würde des päpstlichen Legaten für seine Person [2]). Den Schluss der hierüber ausgestellten Urkunde bildet eine Mahnung an den Clerus und das Volk von Mainz ihren Erzbischof, der jetzt in der Fülle päpstlicher Gunst stehend zu ihnen zurückkehre, ehrerbietig und gut gesinnt aufzunehmen, ihm in allen geistlichen Angelegenheiten zu gehorchen [3]). Nachdem Arnold von Selehofen noch der Curie ein höchst schickliches Geschenk gemacht hatte, welches von dort her eine Erwiderung ähnlicher Art hervorrief, kehrte er freilich mit unendlichem Kostenaufwand, wie der Verfasser der Vita spätere Ereignisse

---

Grund gewesen, dass A. nicht vor dem Friedensschlusse nach Benevent, dem Aufenthaltsorte des Papstes 1155 Novbr. 21 — 1156 Juli 10 (Jaffé Regg.), sich begeben und dort seine Angelegenheit zu ordnen gesucht hat. Woher Prutz (»Friedrich I.« p. 331) die Nachricht hat, dass A. nach Benevent zum P. gereist ist, weiss ich nicht. Die Vita sagt davon nichts (postquam Nargine moram diutinam habuerunt, vix tandem apostolicam convenerunt presentiam) und die Ukd. Hadrians für A. datirt aus Narni. (Jaffé Bibl. III. 405) Wegele (l. c. p. 10) lässt A. »mitten im Winter« die Alpen übersteigen und »nach Rom« kommen!   1) Jaffé Bibl. III. 404. Hadr. sagt über A.: omnem illi honorem, omne caritatis officium, quod tanto viro debuit exhiberi nos et fratres nostri eidem curavimus impertiri.   2) cf. Jaffé Bibl. III. 404.   3) ibidem. Wahrscheinlich lag der zuvorkommenden Aufnahme A's. bei der Curie auch ein politisches Moment zu Grunde: entweder wollte man durch die Auszeichnung des dem Kaiser befreundeten Erzb. jenen selbst gewinnen, nachdem man päpstlicherseits durch den eigenmächtig abgeschlossenen Frieden von Benevent Friedrichs Unwillen erregt hatte (cf. Romuald. Salern. Mon. SS. XIX 429), oder, was noch näher zu liegen scheint, man wollte den Erzb. bei dem voraussichtlichen Streit zwischen Kaiserthum und Papstthum auf die Seite des letzteren ziehen.

vorbereitend erwähnt, über den Gr. Bernhardspass nach der Heimat zurück [1]).

So hatte Arnold sämmtliche Gegner überwunden oder doch für den Augenblick zum Schweigen gebracht. Er hatte jetzt Musse der inneren Verwaltung des Stiftes seine besondere Aufmerksamkeit zuzuwenden. Er wird dabei wenig oder garnicht von der bisher befolgten reformatorischen Weise abgewichen sein. Doch begann er diesmal scheinbar unter ganz veränderten Auspicien: der Pfalzgraf Konrad, der in die Würde des jüngst verstorbenen [2]) Hermann von Stahleck gerückt ist, ist Arnold befreundet [3]); die Grafen sind mit ihm versöhnt [4]); das Haupt der feindlich gesinnten Ministerialen, der alte Meingot, ist durch persönliche Vergünstigungen gewonnen, ist der Vertraute des bisher so eifrig von ihm bekämpften Arnold von Selehofen geworden; und als er bald nach seinem Parteiwechsel, ungefähr zur selben Zeit wie Pfalzgraf Hermann, stirbt [5]), ändert dies nichts in der Sachlage. Es überträgt der Erzbischof seine Zuneigung auf die Söhne des Verstorbenen [6]), stattete sie reichlich mit Lehen aus und nimmt einen derselben, wie der Vater Meingot geheissen, feierlich in die Schaar seiner Ritter auf [7]). Die Geistlichkeit hat ihren letzten Rückhalt verloren: der Papst selbst hat als Antwort auf ihre Beschwerde gegen den Erzbischof ihr geboten, diesem in allen Stücken zu gehorchen. Ausserdem hatte Arnold auch ihr wie den Ministerialen den Führer genommen. Der Propst Burchard von Jechaburg, »der bisher weniger genehm war« [8]), wurde ähnlich wie sein Schwager [9]), der alte Meingot, Freund und Rathgeber des Erzbischofs, und stand bei diesem in so hohem

---

1) Wodurch er sich diesmal sicherer fühlte durch das »feindliche Ligurien« seinen Weg zu nehmen, wird nicht erwähnt.   2) 1156 Septb. 20 cf. Jaffé III. 727.   3) Jaffé III. 639 fin. 640 init. cf. oben p. 42.   4) cf. oben p. 42.   5) Jaffé III. 616 fin. 617.
6) Es sind ihrer im Ganzen vier cf. Bär (Mainzer Beiträge I. p. 86. 129 ctr.; welches Werk die Genealogie der Familie der Meingots enthält). Bei dem Aufstande gegen A. werden nur zwei genannt: Meingot u. Embricho.   7) cf. Jaffé III. 617.   8) Jaffé III. 617 qui ante minus erat acceptus.   9) Jaffé III. 617 avunculum eorum (filior. Mengoti) Burchardum cf. Bär l. c. p. 86.

Ansehen, dass er dem Kaiser und den Fürsten als dessen rechte
Hand galt[1]).

Allein trotz der für Arnold von Selehofen scheinbar so günstigen Wendung der Dinge bot diese und die dadurch hergestellte
Ruhe doch wenig Garantie für die Zukunft.

Nicht durch Anerkennung der Forderungen der Ministerialen
und Geistlichen, sondern durch Gewinnung der hauptsächlichsten
Führer derselben, dadurch, dass er einzelnen Verfechtern des oppo-
sitionellen Principes, nicht aber diesem selbst näher getreten war.
hatte sich der Erzbischof Ruhe verschafft, und diese sich durch
fremde Auterität ausserdem noch zu sichern gesucht.

Der offne Widerstand war auf diese Weise allerdings unter-
drückt worden, aber die Wurzel zu demselben war geblieben und
suchte und fand nur allzuleicht nene Nahrung.

Arnold hat die Unsicherheit, die in der so gewonnenen Ruhe
für ihn lag, wohl erkannt; dass er nicht sorglos der Zukunft ent-
gegensah, werden wir an den Massregeln erkennen, die er im
Laufe des Jahres 1157 traf, als es sich darum handelte zu dem
bevorstehenden italienischen Feldzuge Geld zu schaffen. Zu derselben Zeit nämlich, als der Erzbischof von Mainz in Narni den
Papst erwartete, war in Würzburg die Heerfahrt nach Apulien
beschlossen und beschworen worden[2]). — Dass zu Fulda einige
Zeit später[3]) in Folge der veränderten italienischen Verhältnisse
die Expedition nicht nach Apulien sondern gegen Mailand gerichtet wurde, war für die betheiligten Fürsten von geringerer
Bedeutung. — Arnold hatte an der Romfahrt des Jahres 1155
nicht theilgenommen; er hatte wenig Aussicht auch diesmal in
Deutschland bleiben zu dürfen. Trotzdem versuchte er beim Kaiser

---

1) Jaffé III. 617 . . . . . Burchardum . . . . . in gratiam receptum,
domesticum et familiarem adeo sibi exhibuit, quod splendidum et
honoratum et sibi collateralem in omnibus consiliis suisque secretis
ipsum admitteret, unde in oculis imperialibus omniumque principum
prefatus prepositus non modicus appareret.   2) Otto Fris. II. 30
im Briefe Kaiser Fr.'s an Otto v. Freising (1156 Juli) . . . . . expeditionem, quam proxime Wirzeburch (1156 Juni) propter invasionem
Graecorum in Apuliam jurari praecepimus.   3) J. J. 1157 März
24. Jaffé I. ep. 456. Auch in Worms (1157 Ostern. März 31) muss
dieselbe Angelegenheit zur Sprache gekommen sein cf. Ann. Disib.
SS. XVII. 29.

die Dispensation von der Verpflichtung zur italienischen Heerfahrt zu erlangen.

Noch im Herbst d. J. 1156 finden wir ihn beim Kaiser[1]). Jedenfalls wird er schon damals seine Bitte vorgebracht haben. Doch vergebens: Alle seine Vorstellungen, sein Alter sei den Anstrengungen eines solchen Zuges nicht gewachsen, seiner mangelnden Kriegstüchtigkeit wegen würde seine Betheiligung nur geringen Vortheil bringen[2]), lässt Friedrich unberücksichtigt; er brauchte ein starkes Heer, um bessere Erfolge als das erste Mal in Italien zu erzielen und musste daher seine Kräfte zusammenhalten. Und sollte der Erzbischof sein Gesuch noch später einmal wiederholt haben, wie es in der That der Fall gewesen zu sein scheint[3]), etwa nach dem Tage zu Besançon, so war für den Kaiser ein Grund mehr vorhanden dasselbe ablehnend zu beantworten; in diesem Falle würde er nicht nur auf die Hülfe des Reichsfürsten sondern wissentlich auf die des Primas von Deutschland verzichtet haben. Wie berechtigt demnach des Kaisers Forderung war, sie brachte Arnold in die schwierigste Lage. Jene vorgeschützte Altersschwäche und Kriegsuntüchtigkeit waren eben nichts als Vorwände, denen andere triftige Gründe unterlagen: Geldmangel und Besorgniss vor Erneuerung der Empörung. Kein Gedanke zieht sich durch die Urkunden Arnolds nach dem Jahre 1156 consequenter hindurch als der: wo und wie kann Geld geschafft werden? Der Krieg des Sommers 1155 hat die Finanzen des Erzbischofs ruinirt; während desselben hat er sogar zu ganz aussergewöhnlichen Massregeln greifen müssen um zu Gelde zu kommen. Darauf kam die Reise nach Italien, der wenigstens vier Monate währende Aufenthalt daselbst, die Erhaltung seiner

---

1) Die Ukd. St. 3758 gehört, wie aus der Zeugenreihe hervorgeht, in die von Stumpf angegebene Zeit. Erzb. Friedr. v. Köln, der unter den Zeugen fungirt, kann Ende Oktbr. wohl schon vom Papste, zu dem er nach Mitte Septbr. von Regensburg aus ging (Otto Fr. II. 32 Ann. Col. Max. ad an. 1157 SS. XVII. 766) zurück und in Würzburg sein. 2) Jaffé III. 624 fin. 3) Darauf weist der von Arnold in einer Urkd. angewendete Ausdruck: Mediolanensis expeditionis ab . . . imperatore nobis indeclinabiliter indicte (Gud. c. d. I. 225) hin; auch die Vita (III. 624) scheint durch »multa instantia imperialem precabatur clementiam« dasselbe zu sagen.

zahlreichen Begleitung [1]) in diesem langen Zeitraume, das sehr
anständige Geschenk an die Curie [2]), sein häufiges Verweilen am
kaiserlichen Hofe [3]), Alles das hatte seine Mittel aufs Aeusserste
in Anspruch genommen, sie schliesslich erschöpft. Konnte unter
solchen Umständen ein Gedanke natürlicher seien als der von der
Verpflichtung zu dem so kostspieligen italienischen Zuge loszukommen [4])? Ausser dieser Finanznoth hielt Arnold auch die Besorgniss vor der Wiederholung eines Aufstandes zurück. Er
wusste wohl, wie schwach das Band war, welches ihn und seine
Gegner zusammenhielt. Wie wenig guten Willen er denselben
zutraute, und für wie bedeutend er deren Macht in der Stadt
hielt, das zeigte er, wie oben erwähnt, in den Vorbereitungen, die
er jetzt zu dem »unabwendbar ihm angekündigten« italienischen
Feldzuge traf. Denn obgleich er aus eignen Mitteln nimmer die
Kosten zu demselben bestreiten konnte, zögerte er dennoch die
Hülfe der Mainzer anzurufen, ihnen eine Heeressteuer aufzulegen.
Er suchte sich die nothwendigen Mittel durch Tausch, Verkauf,
Lehenvergabung herbeizuschaffen. Auf einer Reise, die er durch
den östlichen Theil seines Sprengels machte, auf welcher er auch
Aschaffenburg berührte, ertheilte er sein Schloss Gamburg einem
gewissen Berengar zu Lehen, unter der Bedingung, dass dieser
mit seinen Mannen sich für die bevorstehende Expedition gegen
Mailand für den Erzbischof rüste [5]). Und als er in demselben

---

1) Jaffé III. 622 . . . . frequenti clero comitatus magnis, commea-
tibus multisque sumptibus . . . ad mediterraneum mare perveniunt.
Ubi, quia sub uno remige propter multitudinem eos aliqua navis non
quibat recipere, multis collectis navibus, parabant cfr.   2) Jaffé
III 624 curia decentissima largitione donata.   3) A. erscheint unter
den Zeugen der kaiserlichen Urkd. aus den Jahr 1154—1157 St. 3681.
3685. 3686. 3730—3732. 3734—3737. (3738). 3758. 3759. 3766. 3767.
4) Der Verfasser der Vita unterschätzt den Geldpunkt ebenfalls
nicht. Mehrmals, wenn er erzählt, dass A. für das Reich oder die
Kirche etwas gethan hat, hebt er hervor mit welchen Kosten solche
Handlungen verbunden waren. So in der eben citirten Stelle, so
auch III 624: multo labore et inestimabili sumptu Jovis altis-
sima juga deculcans ctr.; und als A. den Mainzern die Heeressteuer auflegen will, lässt der Verf. der Vita ihn bemerken: quod —
cum frequentissime pro honore ecclesie et totius civitatis magnis la-
borasset impendiis — . . nihil exegisset ab eis.   5) Gud. cod.

Jahre 1157 nach Erfurt kam, wo er dem Gewählten von Olmütz die Bischofsweihe ertheilte[1]), erwarb er durch Tausch und Geldzahlung das Schloss Velinhusen, sodass ihm die dazu gehörigen Ministerialen zur Heeresfolge verpflichtet wurden[2]). Erst als er einsah, dass die so erworbenen Kräfte für den bestimmten Zweck nicht ausreichten, erst da wandte er sich an die Mainzer Cives, die Ministerialen und Burgensen. In einer von ihm anberaumten Versammlung liess er hervorheben, dass er bisjetzt nichts von ihnen verlangt hätte, während er doch zur Ehre der Kirche und der gesammten Stadt sehr häufig sowohl am kaiserlichen wie am päpstlichen Hofe, wie auch gegen die Feinde der Kirche grosse Geldsummen hätte aufwenden müssen. Jetzt aber fordere er sie auf zu einer der Würde des Stiftes entsprechenden Ausrüstung für den italienischen Feldzug durch Uebernahme einer Heersteuer das Ihrige beizutragen.

Als man darauf über diese Vorlage des Erzbischofs abstimmt,

---

dipl. I. 225. 1157 in castro nostro Aschaffenburg; Urk. A.'s: . . . notum fieri volumus, . . . qualiter pro imminente necessitate Mediolanensis expeditionis, ... ut juxta honorem imperii et Moguntinae ecclesiae decentiam ad eandem expeditionem plena et sufficienti militum copia nos accingeremus, castrum nostrum Gamburg . . . Beringero ejusdem loci oppidano, ut cum suis militibus nobiscum se accingeret in beneficium cum omni suo jure concessimus. 1) (Johannes de Lûtmisl abbas) »in festo sancti Michaelis« in choro Pragensi in episcopum eligitur (Vinc. Prag. SS. XVII 667); darauf kommt der Neugewählte in Begleitung des Bischofs v. Prag zum Kaiser nach Würzburg, (wo dieser in der ersten Hälfte des Octobers war), die Belehnung mit den Regalien nachsuchend: ubi quod volebat »cito« secundum voluntatem eis occurrit; den Belehnten schickt Friedrich zum Erzb. Arnold, und dieser ertheilt demselben in Erfurt die Weihe (Vinc. Prag. l. c.). Das Datum der letzteren und des damaligen Aufenthaltes Arnolds in Erfurt wird somit ungefähr die Mitte des Monats Oktober gewesen sein. 2) In der darüber ausgestellten Urk. steht zwar nicht ausdrücklich, dass A. dieses Schloss mit seinen Ministerialen erworben habe, um letztere für den Mailänder Zug zu gewinnen, sondern nur ut possessiones Moguntine ecclesie ampliaret, aber dieser Tauschhandel, der mitten in die Zeit der erzbischöfl. Rüstungen fällt, sieht dem mit Berengar abgeschlossenen Vertrage so ähnlich, dass er jedenfalls mit dem bevorstehenden Feldzuge in dem angegebenen Zusammenhange steht. Die Urkd. steht b. Gud, cod. dipl. I. 227.

und sich schon Viele mit der verlangten Steuer einverstanden
erklärt haben, stürzt plötzlich, als an ihn die Reihe seine Stimme
abzugeben gekommen, der Ministerial Arnold der Rothe aus der
ihn umgebenden Menge hervor und behauptet laut: sie seien
ihrem Erzbischof rechtlich zu garnichts verpflichtet, gegen solche
Forderungen seien sie durch das Privileg Adalberts I. geschützt.

Diese Weigerung findet unter den Versammelten sofort allgemeinen Anklang; und, als hätten sie nur des leisesten Anstosses
bedurft, traten Alle, auch die, welche schon für die Auflage ge-
stimmt hatten, jetzt der Ansicht des Arnold Rufus bei, läugnen
die Berechtigung des Erzbischofs zu einer solchen Steuer und
verweigern die Uebernahme derselben.

So war die Besorgniss Arnolds von Selehofen, die ihn bis
zum letzten Augenblicke [1]) noch abgehalten hatte, die Mainzer
zur Mitübernahme der Kriegskosten heranzuziehen, nur allzube-
gründet gewesen. Wenn er nun auch so offener Auflehnung
gegenüber nicht nachgeben konnte und wollte, »so stand doch
zur Zeit der Termin, an dem sich das Reichsheer zum italienischen Feldzuge versammeln sollte, zu nahe bevor, um vor demselben die zur Vorladung seiner ungehorsamen Unterthanen übliche Frist innehalten zu können«. Aus diesem Grunde der Achtung vor dem Gesetz oder geltenden Herkommen lässt der Verfasser der Vita den Erzbischof mit seinem Strafgericht über die
Mainzer bis nach der Rückkehr aus Italien warten. Wahrscheinlicher ist es indessen als Grund hierfür anzunehmen, dass dem Erzbischof im Augenblick die Macht fehlte, um mit Erfolg gegen
die Steuerverweigerer vorgehen zu können [2]).

---

1) cf. die folgende Anmerkung.   2) Von Interesse ist die Angabe des Grundes für die Verzögerung der Strafe (p. 625) in sofern,
als wir dadurch die Zeit erfahren, wann A. die Steuer aufzulegen
versuchte. Die für die Vorladung von Angeklagten übliche Frist
(l. c.: nec poterat ex induciis, quibus culpabiles conveniendi forent,
legittimis uti diebus) ist jedenfalls die von 40 Tagen (Ragew. I 24)
oder 6 Wochen = c. dreimal 14 Tagen. Da nun Pfingsten i. J. 1158
auf den 8. Juni fiel, so hat A. frühestens in den letzten Tagen des
April seinen Antrag vorgebracht. — Ueber jene Frist von 6 Wochen
und deren Innehaltung cf. Weiland: »der Prozess gegen Heinrich den
Löwen« (Forschungen VII. 179 ff.). Aus den dort angeführten Bei-
spielen ergibt sich aber, dass die 6 Wochen nicht immer streng beo-

Hier dürfte es am Orte sein zu fragen: mit welchem Rechte verweigerte man dem Erzbischof die Steuer, und wer sind die, welchen Arnold die Steuer auflegen will? Auf die letztere Frage antwortet die Vita: Arnold fordert von den civibus Maguntinus tam ministerialibus quam burgensibus stipendia militie. Es werden hier die cives — ein Begriff der bald die gesammte Stadtbevölkerung bald nur einzelne Theile derselben umfasst [1]) — in zwei Klassen getheilt, von denen die eine bestimmt der familia ecclesiae angehört, ohne diese ganz zu begreifen; ist nun der andere Theil der familia, die hörigen Handwerker, von den cives hier gänzlich ausgenommen, oder haben wir diesen Theil der familia mit unter den burgenses zu suchen? An den Begriff der burgenses werden wir uns demnach halten müssen und fragen, welche Theile der Bevölkerung können cives und burgenses zugleich sein und heissen? Die erste Antwort hierauf ist: die Ministerialen. Sie sind cives im weiteren Sinne und finden sich häufig als burgenses unter den Zeugen der mainzischen Urkunden [2]).

bachtet worden sind, daher die oben ausgesprochene Vermuthung, dass A. andere Bedenken als Verletzung des Herkommens bewogen haben von der Bestrafung der Mainzer vorerst abzustehen.

1) In der allgemeinsten Bedeutung findet sich cives z. B. in einer Urk. Erzb. Heinrichs v. J. 1147, worin es heisst urbis cives tam clerici quam laici (Spiess diplom. Beiträge p. 222). Den civis wird die Geistlichkeit der Stadt gegenübergestellt, z. B. in dem Schreiben K. Heinr. V.: praepositis et decanis et omni congregationi, cunctis etiam Moguntinensis ecclesiae civibus, tam majoribus quam minoribus (Gud. I. 46). Den cives werden die Geistlichen und Ministerialen gegenübergenannt, und zwar in demselben kaiserl. Schreiben: tam clerici quam laici, tam milites quam cives, sodass die oben genannten majores cives wohl die milites, die minores dagegen die hier schlechthin cives genannten sind. Die cives gegenüber der Geistlichkeit, (den Freien) und der familia genannt finden sich z. B. in Urk. Erzb. Adalbert I (c. 1120) Communicato ergo primorum consilio, clericorum dico, comitum, liberorum, familiae et civium (Gud. I. 118 cf. den Brief der Stadt Mainz an Heinrich IV. b. Eccard corp. hist. med. aev. I. 219), sodass, falls in dem kaiserlichen Schreiben die hörigen Handwerker mit unter den cives (minores) begriffen sind, sie hier als ein Theil der familia denselben gegenüber genannt werden. 2) Arnold (Verfassungsgesch. der deutsch. Freistädte p. 68, 70 ctr.) erkennt gar zu leicht in den burgenses Patrizier, während als burgenses oder urbani häufig nur Ministerialen genannt werden. So z. B. finden sich in der von ihm zum Beweise des Her-

Dass sie mit dou in der Vita genannten burgenses nicht gemeint sind, ist klar: sie werden als Ministerialen geradezu den Burgensen entgegengestellt. Aber dieses Auftreten der Ministerialen als Burgensen führt uns zu der Entscheidung der Frage, wer die burgenses sind. Indem nämlich in etlichen Urkunden neben Ministerialen andere diesem Stande Angehörige als „burgenses" genannt werden, müssen die Letzteren bei den durch die Urkunden bezeugten Gerichtshandlungen in einer Eigenschaft thätig sein, die zu ihrem Stande als Ministerialen schlechthin noch nicht gehört, sondern in einer Eigenschaft, die ihnen als aktiven, zur Theilnahme am städtischen Regiment berechtigten Bürgern zukommt. Wenn sie aber in dieser gerichtlichen Thätigkeit burgenses heissen, so muss auch dem ganzen Stande, der diesen Namen gleichsam als seinen Standestitel führt, die gleiche Thätigkeit bei Gericht zustehen. Eine gleiche Thätigkeit mit den Ministerialen bei Gericht (und es kann diese nur die von Schöffen sein) lässt aber nicht zu, dass die burgenses Hörige sind; sie müssen allein die sogenannten Altbürger bedeuten [1]), den Stand,

---

vortretens der Patrizier angezogenen Urk. Gud. I. 45 als urbani: Hertwinus et frater ejus Arnoldus de Winkela; dieses Bruderpaar wird aber Gud. I. 88, Joann. II. 582 unter den ministeriales genannt. Ebenso sind die Gud. I. 75 als: servientes et urbani Bezeichneten sämmtlich als (ministeriales) servientes nachweisbar. (Die letztgenannten Ernest et frater ejus Obrecht treten Gud. I. 83 als ministeriales auf cfr. auch Joann. II. 582; Weinherus de Rudensheim als Ministerial genannt Gud. I. 100. Joann. II. 582. Conrad de Hepenhefde steht Stumpf: A. M. 35, (Rossel Eberb. Urkb. I. 21, 39 unter den Ministerialen). Also »burgenses« bezeichnet ebenfalls Ministerialen. Auch irrt Arnold (l. c. p. 172 unten und 173), wenn er in den seniores et idonei civitatis nostrae burgenses der Urk. Erzb. Arnolds 1155 (Lacomblet I. 264) seine Patrizier, »nicht Dienstmannen« sieht; die Namen der als Zeugen am Schluss der Urk. noch einmal genannten burgenses zeigen nur Ministerialen; sämmtliche sind Verwandte des Erzb., der einem Ministerialengeschlechte angehört. 1) Dass dieser Stand auch unter den Handwerkern vertreten war, dass es also damals in Mainz Handwerker gab, die nicht Hörige waren, geht aus einer Urk. Erzb. Ruthards v. J. 1099 hervor, welche die Zulassung der Weber zum Schechenamt bezeugt. Wenn aber die Weber um Befreiung von diesem wie von dem ihnen ebenfalls zustehenden Heimburgenamt nachsuchen (cfr. d. Urk. b. Joann. II. 518), so scheinen ihnen beide

welcher erst durch den Uebergang der königlichen Gerichtsbarkeit an den Erzbischof der Hoheit desselben unterworfen wurde. Wenn daher der Erzbischof von den Mainzer Bürgern die Heersteuer verlangt, und diese getheilt werden in Ministerialen und Burgensen, so sind unter letzteren nur die Altbürger gemeint. Dass der Erzbischof weder Geistlichkeit noch hörige Handwerker überhaupt heranzog zur Kriegsunterstützung kann ich nicht behaupten; allein in der erwähnten Versammlung sind diese beiden Stände zur Steuerzahlung nicht aufgefordert worden.

Es fragt sich nun: hatte der Erzbischof ein Recht die Heersteuer zu verlangen? Die Vita sagt darüber sicut »jus gentium«. kabet .... a Moguntinis civibus stipendia militie deposcere cepit. Ein schriftlich aufgezeichnetes Recht scheint demnach über die Auflage dieser Steuer nicht existirt zu haben, weder ein Mainzisches noch ein Reichsgesetz; die Vita würde anderenfalls das Recht genauer bezeichnet haben. Als aber Arnold später vor Mailand in Gegenwart des Kaisers seine Klage gegen die Steuerverweigerer vorbringt, wird von den Fürsten bestimmt, dass denen, welche die Steuer nicht gezahlt, die Lehen entzogen werden sollten, bis sie die Steuer erlegt und ihrem Herrn Busse gethan hätten. Dieses Urtheil der Fürsten wird vom Kaiser und dem gesammten Reichstage bestätigt. Man fasste den Fall, für welchen es kein bestimmtes Gesetz und für dessen Uebertretung es noch keine gesetzlich bestimmte Strafe gab, von einem vorhan-

---

Würden mehr eine Last als eine ersehnte Auszeichnung gewesen zu sein. — Ausser im Schöffenamt und als Heimburgen finden wir die »Altbürger« noch als Officiati, Unterrichter; aber auch diese Würde theilen sie mit den Ministerialen (Conrad Winzo steht Joann. II. 694 unter den Ministerialen, Joann. II. 693 als officiatus Joann. II. 697 wird ein Ministerial Diedo de Selehofen als officiatus genannt). Von einem Rath der Geschlechter, einem consilium civitatis kann ich vor d. J. 1244 nichts finden. Das eigentliche Regiment der Stadt liegt in den Händen der Ministerialen, denen der Erzb. als Herr der Stadt die obrigkeitlichen Aemter in derselben übertragen hat. Wenn nun der Aufstand gegen A. von den Ministerialen ausging und von diesen getragen wurde, so kann der Grund zu dieser feindlichen Haltung gegen den Erzb. nicht in dem Streben der Minister. ihre Rechte zu erweitern gesucht werden, sondern in deren Absicht von den ihnen für ihre Lehen auferlegten Pflichten loszukommen.

denen Gesichtspunkt der hier das Lehnrecht war [1]), auf und ur-
theilte von diesem aus [2]). Der Spruch, der vor Mailand gefällt
wurde, zeigt, dass den Mainzern durch das Adalbertinische Privileg die Befreiung von jeglicher Steuer nicht gegeben sein konnte [3]).
Es wurde ihnen durch dasselbe nur die Befreiung von erzbischöflichen Auflagen verliehen, die auf die erzbischöfliche Hofhaltung
ausschliesslich Bezug hatten. Die Forderung Arnolds von Selehofen aber im Jahre 1158 ist eine Forderung des Reiches. Von
solchen hatten die Mainzer keine Befreiung erhalten. Wenn sie
sich trotzdem vor solchen Leistungen geschützt glaubten, und
charakteristisch ist es, dass ein Ministerial dieses zuerst bemerkt
— so war dies nichts als eine absichtlich oder unabsichtlich aber
jedenfalls irrige Auslegung jenes Privilegs Adalberts I. Arnold
verstiess durchaus nicht gegen dasselbe, indem er eine Heersteuer
für den vom Reiche beschlossenen Zug über die Alpen auflegen
wollte. Dass er bis zum letzten Augenblick zögerte eine solche
Auflage zu verlangen, hat, wie wir sahen, in dem gespannten
Verhältniss zu den Mainzern seinen Grund, nicht etwa in dem
Bewusstsein einer ungerechten Sache.

---

1) Jaffé III. 628. Et exinde principum omnium emanavit sen-
tertia: quod adjudicata eis forent beneficia . . secundum beneficiorum jura. 2) Weiland (d. Reichsheerfahrt von Heinrich V bis
Heinr. VI; Forschungen VII. p. 174.) sagt über Arnolds Klage richtig; es ist hierbei lediglich an eine der beliebten Rechtsfragen zu
denken, welche den im Reich waltenden Rechtszustand constatiren
sollten und dann Gesetzeskraft erlangten; der Erzbischof fragte beim
Reichstage an, was in seinem Falle Rechtens sei, und die Fürsten
urtheilten unter des Kaisers Vorsitz und nach eines Obmanns Vorgang. 3) Die fragliche Stelle des Privilegs lautet (Gud. I. 119): ut
nullius advocati placita vel exactiones extra murum expeterent, sed in-
fra sui nativi juris essent sine exactoris violentia. Quare cuitributum,
tributum, cui vectigal, vectigal, gratis, nullo exigente persolverent.
Wegele (l. c. p. 12) sagt: in unzweifelhafter Weise hatte er (d. Erzb.)
die Rechtsbeständigkeit des Privilegs Adalb. I geläugnet (indem er
Steuer forderte). Doch diese Rechtsbeständigkeit existirte gar nicht,
wenigstens nicht in Bezug auf die Heersteuer. Die Exemtion von einer Steuer welche das Reich anging hätte ausserdem wohl die reichs-
oberhauptliche Bestätigung verlangt; das Adalb. Privileg ist aber
weder von Lothar noch von Konrad noch von Friedrich bestätigt
worden.

Nachdem dem Erzbischof sein Versuch bei den Mainzern Kriegsunterstützung zu erlangen misslungen, musste er auf andere Weise sich zu helfen suchen. Er fuhr fort durch Verwendung von Kirchengut sich die nöthigen Mittel herbeizuschaffen, was ihm auf gesetzlichem Wege diesmal gelungen zu sein scheint, d. h. unter Zustimmung der Vorsteher und Vögte derjenigen Stifte, deren Güter er verkaufte oder verpfändete [1]).

Für die Zeit seiner Abwesenheit glaubte der Erzbischof die Ruhe in seinem Stifte und die Treue gegen seine Person am besten dadurch zu sichern, dass er die Regierung in die Hände der Meingotischen Verwandtschaft legte; den Propst Burchard, dem er kurz vor seinem Auszuge noch die Propstei von S. Peter in Mainz verlieh [1]), bestellte er zu seinem Stellvertreter in geistlichen Sachen, die Söhne Meingots zu Verwaltern der weltlichen Angelegenheiten. Auch Vorsichtsmassregeln gegen Feinde von Aussen her traf er vor seinem Aufbruch nach Italien. Er erwarb die Burg Gelnhausen [2]). Die zu demselben gehörende kriegeri-

---

1) Die Urkunde [Stumpf Acta Mog. p. 71] sagt: A. verkaufe Güter des Klost. Altenmünster in Mainz: consilio ecclesie, Hadewige abbatissa cum universis sororibus consentiente . . . pro CXXXVI marcis argenti per manum Berengeri advocati [im Gegensatz zu einem früheren Versuche A's., dieselben Güter »sine consilio ecclesie nostre absque manu advocati, abbatissa cum sororum collegio contradicente« zu verkaufen, was wahrscheinlich im Jahre 1155 geschehen ist.] Abgefasst ist die Ukd. nicht lange vor A.s' Abzug; es erscheint in derselben Burchardus praepositus S. Petri; in demselben Jahre 1158 wird noch mehrmals der Vorgänger Burchards in der Würde des Propstes v. S. Peter, Hartwinus [cf. Joann. II. 588. Stumpf Acta Mog. 70] genannt (Wegele l. c. p. 35 Anmkg 50 irrt daher, wenn er meint, Burchard sei im Verlaufe des J. 1157 Propst v. S. Peter geworden), und zwar in Urkdd., die den Zeugenunterschriften nach zu schliessen ungefähr um Mitte Mai niedergeschrieben sind. Cf. d. Ukdd. 1158 Mai 22 Gud. I. 229 u. Stumpf A. Mog. 68. [auch d. Ukd. Rossel Eberb. Ukb. I. 37 gehört in dieselbe Zeit]. Ueber die Erhebg. Burchards zum Propst v. S. Peter vor dem italien. Feldzuge cf. Jaffé III. 626.   2) Wahrscheinlich war der Kauf schon vor dem Zeitpunkt abgeschlossen, da A. von den Mainzern die Steuer verlangte. Die Ukd. (St. Acta Mog. 69) nennt zwar nur das Jahresdatum 1158; dass sie aber vor dem Aufbruch A's. zum ital. Feldzug gegeben ist, dafür

sche Mannschaft sollte »auf jener Seite die Kirche gegen die Ty-
rannen und Verfolger der göttlichen Ehre sichern«. Die Lage
Gelnhausens an der Strasse nach Thüringen zeigt, gegen wen
diese Burg hauptsächlich schützen sollte. Der Erzbischof erkannte
demnach die in der wachsenden Macht der Landgrafen liegende
Bedrohung für die weltliche Macht des Mainzer Stiftes und suchte
ihr zu wehren [1]).

Nachdem Arnold von Selehofen so nach allen Seiten hin für
die Sicherheit seines Erzbisthums gesorgt zu haben glaubte, führte
er seine Schaar, 140 wohlgerüstete Ritter dem Kaiser zu. Bei
Augsburg trafen die Theilnehmer des italienischen Zuges zusammen. Um die Mitte des Monats Juni (1158) geschah der Aufbruch. Als sich nun das mächtige Heer theilte um auf drei
verschiedenen Strassen die Alpen zu übersteigen, blieb Arnold
bei dem Theile, den der Kaiser selbst führte, und welcher durch
Tirol und über den Brenner zog. Der Weg war weithin durch
die Plünderungen der Böhmen, die unter ihrem König Wla-
dislaw den Vortrab des kaiserlichen Heeres bildeten, bezeichnet [2]). Eifrig war Arnold bemüht die Noth der heimgesuchten
Landesbewohner zu mildern. Die Geistlichen unter denselben hatten sich dabei seiner besonderen Theilnahme zu erfreuen.

Es liegt nicht in unserer Aufgabe, den Feldzug, der mit der
Capitulation Mailands endete, zu schildern; um so weniger, da —
die Vita ausgenommen — kein Bericht auch nur den Namen des
Mainzer Erzbischofs bei der Schilderung desselben erwähnt. Was
die eben genannte Quelle betrifft, so zeigt sie den Erzbischof vor

---

ist Beweis das Auftreten des Hertwicus als praepos. S. Petri als Zeugen derselben; dass sie vor der Forderung A's. an die Mainzer abgefasst, dafür spricht die Zeugenunterschrift des Arnoldus Rufus. Die
Geldnoth, in der sich der Erzbischof befand, wird auch durch diese
Ukde. wieder bezeugt. 1) Nach dem Anfang der Ukde (mun-
dum in maligno esse positum, quia multis et variis eventibus decla-
ratur adeo, quod illud propheticum jam completum videatur, erunt
homines ingrati, superbi et elati, fidei violatores, sacramentorum contem-
ptores, ecclesiarum persecutores, christiane religionis profanatores, solli-
citudo prelatorum cauta debet esse ...) scheint es fast, als sei A. mit dem
Landgrafen in arge Misshelligkeiten gerathen, doch findet sich hierüber sonst nichts erwähnt. 2) Chron. Ursprg. und Jaffé III. 627.

Mailand hauptsächlich bemüht den Frieden herzustellen [1]). Wenn
aber zuletzt der mit der Uebergabe jener Stadt erfolgte Friedens-
schluss vorzüglich für sein Werk ausgegeben wird [2]), so hat der
Verfasser seinem verehrten Erzbischof jedenfalls zu viel Ehre an-
gethan. Andere Berichte nennen uns die Namen mehrerer Frie-
densvermittler, doch der Arnolds ist nicht unter denselben [3]).
Mit der Capitulation von Mailand erhielt der Erzbischof von
Mainz die ersehnte Erlaubniss in die Heimath zurückzukehren.
Reich beschenkt [4]) verliess er, wie auch der König von Böhmen,
der Herzog Heinrich von Oesterreich und Berthold von Zäringen
das kaiserliche Heer [5]). Vorher hatte Arnold in Gegenwart des
Kaisers den Fürsten seine Klage gegen die Mainzer vorgelegt,
worauf, wie schon oben erwähnt [6]), der Spruch erfolgte, dass denen, welche die Heersteuer nicht erlegt, die Lehen entzogen werden stollten, bis sie die Steuer bezahlt und ihrem Herrn Busse
gethan hätten [7]). Der kaiserlichen Autorität, so schien es, würden die Mainzer sich wohl fügen; vielleicht hätten sie es gethan,
wäre die Sachlage in Mainz mittlerweile nicht eine ganz andere geworden. Hier aber hatte sich bald nach dem Beginn des italienischen Feldzuges die kurz vor demselben hervorgetretene Opposition gegen den Erzbischof zur vollen Empörung gesteigert. Es
wurde Arnold hierüber nach Mailand gemeldet; es wurde ihm
als Hauptführer seiner Feinde der Propst Burchard genannt: die-

---

4) Jaffé III. 627; quanta pro bono pacis annisione laborarit.

2) l. c. 628: Mediolanensibus in gratiam per deditionem civitatis
receptis, consilio principum, maxime virtute et prudentia Maguntini,
(cum omnia) essent in pace composita . . . .   3) Cf. Ragew. I. 41.
Vinc. Prag. SS. XVII. 674. Chron Ursperg. Otto Sanblas. SS. XX. 308
(letzterer nennt irrig auch Heinr. d. Löwen, der erst 1159 nach Italien
kam). Wenn von sonstiger Thätigkeit A's. auf dem italienischen
Feldzuge auch die Aufrichtung eines Lagerfriedens seinerseits in der
Vita (p. 626) berichtet wird, so ist dabei wohl nur an die vom Kaiser behufs Erhaltung der Disciplin innerhalb und ausserhalb des La-
gers gegebenen Verordnungen zu denken, für deren Beobachtung zu
sorgen der Geistlichkeit vorzüglich zur Pflicht gemacht wurde. Ragew.
I. 26.   4) Jaffé III. 628 fin. über solche Geschenke des Kaisers
an die Fürsten nach beendetem Kriege cf. Weiland l. c. Forschgg.
VII. 160 f.   5) Ragew. I. 44. Vinc. Pragens. M. G. SS. XVII. 675.
6) Cf. p. 56.   7) Jaffé III. 628.

ser habe die Verschwörung mit seinen Genossen begonnen, habe
fast alle Mainzer Vornehme [1]) gegen den Erzbischof bewaffnet;
ja man nenne den Propst Bischof, und dieser habe sich das zur
bischöflichen Würde gehörende Recht angemasst; er habe die
Richter und Gerichte des Erzbischofs beseitigt und habe neue an
deren Stelle gesetzt; er nehme die Huldigung Vieler entgegen,
Viele zwinge er durch Gewalt. Dazu erlauben sich die Söhne
Meingots Gewaltthaten gegen Leute und Ministerialen der Kirche,
legen ihnen drückende Forderungen auf; sie seien die Herren
der Stadt, ihr Oheim der Bischof [2]).

Arnold wollte diesen Berichten anfangs nicht glauben; einen
Aufstand mochte er wohl für möglich halten [3]), dass aber diejenigen, denen er eben die Fülle seines Vertrauens geschenkt, die er
zu seinen Vertretern eingesetzt hatte, ihn verrathen, sich als die
Führer des Aufstandes aufgeworfen haben sollten, das hielt er
im ersten Augenblick für unmöglich. Die Nachricht dieser Empörung war es, die ihn, sobald der Kaiser seiner entbehren mochte,
nach Deutschland zu gehen trieb.

Es bleibt dahingestellt, ob Propst Burchard mit seinen Neffen schon vor dem Abzuge Arnolds zum italischen Feldzuge von
demselben abgefallen waren, ob sie also schon Verräther waren,
indem sie ihre Stellung als Verwalter des Stiftes und der Stadt
annahmen, oder ob sie in ehrlicher Absicht an diesen Posten
gingen und erst während der Abwesenheit des Erzbischofs von
ihrer früheren Partei gedrängt dieser wieder zufielen [4]). Die Ent-

---

1) Der Ausdruck (omnes Moguntinos pene) priores bezeichnet
offenbar die Ministerialien; Burchard selbst einem Ministerialge-
schlechte angehörig reizt also seine oder seiner Verwandten Standes-
genossen gegen den Erzbischof auf. 2) Jaffé III. 628. 3) Die
Darstellung Wegeles [l. c. p. 11] »Der Drang nach der Emancipation
von der bischöfl. Hoheit« — »ehe A. eine Ahnung davon hatte« be-
ruht auf zwei falschen Voraussetzungen; die eine ist der Glaube an
die Echtheit des Wormser Privilegs vom J. 1156 [cf. Stumpf: Sitzungs-
ber. der Wiener Acad. d. Wissensch. histor. philol. Classe 1859 p.
603 ff.] die andere der Glaube an A's. Sicherheitsgefühl und gewis-
sermassen Sorglosigkeit; was letzteres betrifft, so glaube ich oben (p.
51 f.) dargethan zu haben, dass A. solches durchaus nicht hatte.
4) Ersteres nimmt Wegele [l. c. p. 11] an.

scheidung darüber ist ohne Bedeutung; sie würde nur die Vermehrung der vorhandenen Oppositionspartei um einige Mitglieder zur Zeit, da der Erzbischof nach Italien zog, constatiren.

Arnold von Selehofen fand den Aufstand bedeutender als er gedacht. Die Meingotische Verwandschaft und von dieser vor Allem der Propst Burchard leitete wirklich die Empörung; zur Seite standen ihnen vorzüglich der Dompropst Hartmann, der Abt Gotfried vom S. Jakobskloster, von den Ministerialen Werner von Boland und Arnold Rufus. Zu ihren Zusammenkünften gab der Dompropst sein Haus her [1]).

Auch bei dieser Gelegenheit zeigte sich der Charakter des Aufstandes: es war ein Aufstand der Ministerialen mit Unterstützung der Geistlichkeit. Es war nicht ein Aufruhr, der von der Menge ausging; nicht auf der Strasse beginnt er, sondern heimlich im Hause eines der Verschworenen; hier treffen sich die Empörer, bis man endlich an Kraft gewonnen sich auf die Strasse herauswagt [2]). So weit war man schon gekommen, als der Erzbischof sich der Stadt näherte; denn indem dieser versuchte den Rhein zu überschreiten, stürzten sich die Aufstän-

---

1) Jaffé III. 629.   2) Jaffé III. 629. Ceterum conjurationis .....
molimina .... ceperunt conjuratores ipsi manifesta se jam oppositione
detegere; et clandestinis machinationibus et iniquorum cetuum conciliabulis et omni conamine, quo nequitia pietatem impetere solet, rependentes.... impietatem pro beneficiis, in ipsum bello civili, quasi intestino grassari; ... Quam ob rem ad factionis hujus apertum indicium in tantum vesanie sue filii Mengoti irruperunt furorem, quod .... armata manu ... in ipsum (episcopum) insurgerent etc. Mehrfach werden in der Vita als die eigentl. Empörer die Ministerialen genannt; als z. B. 1159 A. zum Kaiser kommt, fragt er diesen, ob er geheissen: quod ministeriales sui coram positi sedem Maguntinam, patria rebus et honore ipso depulso, rapaci sacrilegio ... debuissent invadere. (Jaffé III. 638). Von den vielen gleichzeitigen oder annähernd gleichzeitigen Quellen wird diese hervorragende Theilnahme und Führerschaft der Minist. im Appendix ad Ott. Frisg. Ragew. (M. SS. XX. 491. ad ann. 1160) hervorgehoben: Arnoldus..... a ministerialibus suis crudeliter necatus est; auch die Ann. Disibod. ad ann. 1160 SS. XVII. 29 thun es; alle anderen nennen unbestimmter die cives als die Feinde des Erzb., von denen er schliesslich ermordet wird.

dischen unter Führung der Meingotischen Söhne gegen die heranziehende erzbischöfliche Schaar und stellten sich mit bewaffneter Hand ihr entgegen. Bald unterlagen sie indess den wohlgerüsteten Mannen ihres Gegners und flohen in die Stadt zurück. Nach einer Berathung mit seinen Getreuen forderte Arnold die Aufständischen zur Rechenschaftslegung vor sich. Er muss die bewaffnete Macht, mit der er nach Mainz kam, noch einige Zeit um sich behalten haben; denn obgleich die Empörung täglich an Kraft noch zunahm, versprachen die Verschworenen, wenn auch erst nach langem Zögern, dennoch dem Erzbischof über Alles, was in seiner Abwesenheit und jetzt bei seiner Rückkehr geschehen sei, Genugthuung zu leisten. Offen war dieses Versprechen nicht; die Aufständischen dachten nicht daran dasselbe auszuführen, vielmehr stand von dem Tage an ihr Entschluss fest den Erzbischof zu tödten [1]). Doch für den Augenblick konnten sie weder durch List [2]) noch durch Gewalt etwas gegen denselben ausrichten. Ja sie verloren sogar räumlich an Terrain in der Stadt: ihre Zusammenkünfte bisher im Hause des Dompropstes, inmitten der Stadt abgehalten, mussten sie an das Ende derselben, in das Haus des Propstes von S. Peter und das der Meingots, welches wahrscheinlich eben dort lag, verlegen. Selbst das Haupt der Gegner, den Propst Burchard, konnte der Erzbischof wagen aus der Stadt zu verweisen [3]). Der Verbannte, über die ihm angethane Gewalt empört, nimmt seinen Weg zum Kaiser, um sich dort sein vermeintliches Recht zu holen. Ihm schlossen sich sofort in derselben Absicht Embricho, der Sohn des alten Meingot, auch der Abt Gotfried von S. Jakob und Werner Boland so wie viele Geistliche und Laien an [4]).

1) Jaffé III. 629.   2) Jaffé III. 630: postquam oblongos cultellos, quibus eum clanculo sub velamento satisfactionis confodere decreverant, deprehendit . . . .   3) l. c. III. 630. Auffallend bleibt, dass mit dieser Verweisung A's. Strafe geg. s. Feinde zu Ende war; hatte er nicht die erforderliche Macht zu grösserer Strenge oder handelte er damals schon nach kaiserl. Vorschriften, die ihm Nachsicht riethen?   4) l. c. III. 630. schon hier wird der Dompropst nicht, wie überhaupt ferner nicht mehr unter den Theilnehmern der Empörung erwähnt; dagegen wird er später vom Kaiser neben anderen Geistlichen, die A. treu geblieben waren, (III. 643) zum Zeu-

Kaum hatten so die Häupter der Opposition die Stadt verlassen, als Arnold den Spruch der Fürsten gegen die Steuerverweigerer veröffentlichte. Einigen schien der Verlust ihrer Lehen doch bedenklich; sie fügten sich und zahlten die Kriegssteuer. Andere wollten auch jetzt noch nicht nachgeben. Zu diesen gehörte Arnold Rufus, er wollte weder zur Steuerzahlung noch zur Uebernahme einer Busse sich bereit erklären; doch bevor noch eine Entscheidung gegen ihn vom Erzbischof ergangen war, appellirte er an den Kaiser und reiste seinen Genossen nach. Jetzt war es in der Stadt ruhig; und als darauf der Propst von S. Peter mit seinem Anhang von Italien zurückkam, konnte Anold es wagen diesen die Aufnahme in Mainz zu versagen. Der Kaiser hatte zu vermitteln gesucht; er hatte zwar die Klagen der Mainzer nicht für begründet erkannt, aber doch die Wiederaufnahme derselben, sobald diese Genugthuung dem Erzbischof geleistet haben würden, gerathen. Als sie nun kamen, erklärten sie sich zwar bereit Genugthuung zu geben, doch war dies nicht in der Weise, wie Arnold es verlangte. Daher nahm sie dieser nicht auf. Von Neuem wandten sich die Ausgeschlossenen an den Kaiser und die Fürsten und baten sie um ihre Vermittlung. Doch zum zweiten Male waren die von dorther erlangten Bittschreiben vergeblich: so lange die Betreffenden nicht zu der von ihm verlangten Genugthuung sich verpflichteten, so lange verweigerte der Erzbischof ihnen die Aufnahme. Dem Kaiser muss in der That daran gelegen haben, den Streit mit möglichster Milde geordnet zu wissen; nicht dass er mit dem Streben der Opposition in Mainz sich einverstanden fühlte, war der Grund dafür, dass er dem Erzbischof zum Nachgeben rieth: lag dieser vielmehr in seinem damaligen Verhältnisse zur Curie (auf welches wir gleich näher einzugehen haben), und dieses veranlasste ihn schliesslich nach den wirkungslos gebliebenen Schreiben Richter abzusenden, welche die Aufständischen zur geforderten Genugthuung bewegen sollten. Da gab der Erzbischof nach, liess die Verbannten in die Stadt, bestimmte ihnen einen Termin, bis zu dem er ihre Genugthuung entgegennehmen wollte und begab sich inzwi-

---

gen für die richtige Herstellung der erzb. Residenz ernannt. Das spricht dafür, dass er sich A. wieder angeschlossen.

schen selbst aus Mainz fort [1]) und reiste in seinem Bisthum
umher. In den letzten Tagen des August finden wir ihn in der
Wetterau; hier weiht er (24. Aug) unter grossen Feierlichkeiten die Kirche zu Ilbenstadt [2]).

Kaum hatte er sich jedoch aus seiner Residenz fortbegeben
und in dieselbe seine Gegner eingelassen, als der Aufruhr und
zwar ausgedehnter denn vorher wieder sich erhob. Oben war
erwähnt worden, dass die den Burgensen und Ministerialen zuge-
dachte Steuer auch von den Ersteren verweigert war [3]). Doch
bei dem eigentlichen Aufstande war derselben bisher nicht gedacht.
Burchard hatte zwar omnes Maguntinos pene priores [4]) gegen den
Erzbischof bewaffnet aber nicht die cives. Doch jetzt, nachdem
Arnold die Stadt verlassen, heisst es: die Aufständischen ver-
sperrten die Strassen, ipsosque cives armaverunt, damit der Erzbischof nicht in die Stadt kommen könnte. Dazu stiessen sie
die schlimmsten Drohungen und Verwünschungen gegen denselben
aus, und um dem Schimpf die Krone aufzusetzen fügten sie hinzu:
sollte der Erzbischof es jemals wagen in die Stadt zurückzukehren, dann würden selbst die Schlächter, Bäcker, Schuster, Kürsch-
ner, Sackträger und Tischler [5]) an ihrem Platze sein [6]). Wie
schon vorher einmal unter cives nur Ministerialen und Altbürger

---

1) Jaffé III. 631. Glaubte A. die Ruhe schneller herstellen zu
können, indem er den Gegnern bis zu dem für die Rechenschaftslegung anberaumten Termin die Stadt überliess, oder fühlte er sich in
Mainz nicht sicher, sobald seine Feinde dasselbe betreten hätten?
Es scheint fast das Letztere der Fall gewesen zu sein, und A. in der
Zwischenzeit nach militair. Verstärkung sich umgethan zu haben. Er
kehrt mit mehr als 600 Rittern darauf nach Mainz zurück.

2) Würdtwein: Notitiae hist. dipl. de abbatia Ilbenstadt. Mogunt. 1766. p.;49. Arnold weiht die Kirche auf Bitten Hartmanni pro-
positi. Es ist nicht zu bestimmen, ob dies der Dompropst ist. Ein
Propst von S. Maria z. d. Greden in Mainz, zu dessen Archidiako-
nat Ilbenstadt gehörte (Würdtw. Dioeces. Mog. III. 7. 112 ff.), lässt
sich zw. den Jahren 1151—1159 nicht nachweisen; im folgenden Jahre
1160 wird Christian genannt, der spätere Erzb. (Joann. II. 644. 647).

3) Jaffé III. 625; cf. oben p. 55 f.   4) Cf. Jaffé III. 627. cf. oben
p. 61.   5) Mensarii kann nur die angegeb. Bedeutung haben,
obgleich dafür kein Beispiel in den Lexicis gegeben wird.   6)
Jaffé III. 631.

verstanden wurden [1]), so sind auch hier von jenem Begriff die hörigen Handwerker ausgeschlossen. Diese werden neben den Bürgern noch besonders genannt. —

So hatte sich die Empörung über die gesammte Stadtbevölkerung verbreitet, doch so, dass die Ministerialen nach wie vor die Führer derselben blieben. Mittlerweile rückte der Termin, der den Aufständischen zur Rechenschaftslegung gestellt war, ein Zeitpunkt, welcher mit einer für Mainz anberaumten Synode zusammenfiel [2]), heran, und Arnold machte sich auf nach der Stadt zurückzukehren. Auf die Kunde von den Vorgängen in derselben hatte er sich mit einer starken Bedeckung umgeben. Als man sich dennoch seinem Eintritt mit bewaffneter Hand zu widersetzen versuchte, gelang es seiner Begleitung bald den Widerstand zu brechen und in die Stadt zu kommen [3]). Eine Verfolgung der Besiegten, eine sofortige Bestrafung für die erneute Empörung untersagt er. Er will nicht ohne vorheriges Urtheil gegen seine Feinde vorgehen, er will ihre Vertheidigung auch jetzt noch anhören, und, statt die augenblickliche Ueberlegenheit zu benutzen, forderte er sie vor die Synode vor und gibt ihnen somit Zeit sich zu verstärken.

Es ist auffallend, dass Arnold nicht sofort nach Ueberwältigung des beim Eintritt in die Stadt gefundenen Widerstandes mit der Strenge des Gesetzes oder sogar des schwer beleidigten Siegers gegen die Aufständischen vorging. Er hatte eine starke Bedeckung bei sich, hatte sich durch diese allein den Eingang in die Stadt verschafft, er sah die Hartnäckigkeit seiner Feinde, konnte schwerlich auf die friedliche Beilegung der Unruhen rech-

---

1) Ibid. 625 cf. oben p. 56.   2) Die Synode wurde nach dem 1. Octob. 1159 gehalten [post festum S. Remigii Ann. S. Disibod. M. G. SS. XVII. 29); ob sie anberaumt war ·wegen der Rechenschaftslegung der ausgewiesenen (wie Wegele l. c. p. 14 will); oder ob sie zu dieser Zeit ex more (wie Trithem. Chron. Hirsaug. ad. ann. 1119. Edit. S. Gall. 1690. behauptet), wie alljährlich so auch damals im October gehalten wurde, wird nicht überliefert.   3) Jaffé III. 632: contra eorum impetum perfidie in multo militum robore eis invitis civitatem ingressus, noluit absque judicio vendicare in ipsos; sed ut pius et clemens pater, ad satisfactionem — cum eos repente posset delere — iterum iterumque invitans. . . .

nen: warum benutzt er da nicht seine Uebermacht? Er, der
gesagt hatte, der Mainzer Erzbischof müsse ein Tyrann sein, kann
er im entscheidenden Augenblick aus Schwäche gezögert haben?
Glaubte er die erhitzten Gegner beruhigen zu können, indem er
ihnen nur drohte? Es könnte scheinen, als müssten wir Unschlüssigkeit und Schwachheit als Motiv zu dieser Halbheit seiner
Massregeln annehmen; auch im folgenden Jahre bleibt er ähnlich
bei einer halben Massregel stehen. Doch wenn wir in dieser
späteren Handlungsweise, darin nämlich, dass er die eben gewor-
bene Kriegsmacht des Herzogs von Sachsen und anderer Grosser
auf leere, ohne jegliche Garantie gegebene, Versprechungen hin
aufgibt, und von seinem offen ausgesprochenen Plane Mainz mit
Waffengewalt zu bewältigen absteht, nur seinen eignen, freien
Entschluss erkennen können: so glaube ich andrerseits die halben
Massregeln des Erzbischofs im Jahre 1159 fremdem Einfluss,
und zwar den Rathschlägen des Kaisers und des Reichsfürsten zuschreiben zu dürfen. Der Kaiser wie Fürsten hatten schon vorher die Aufnahme der Verbannten so dringend sich angelegen
sein lassen; es ist nicht unwahrscheinlich, dass die schliesslich
abgeschickten kaiserlichen Gesandten [1]) aus Italien den Wunsch
auf fernere Milde gegen die Mainzer überbracht haben. Es sprechen für dahin ertheilte Rathschläge Briefe, welche Kaiser und
Fürsten an Arnold, und zwar nach der Mitte des October [2]),
also zu einer Zeit schreiben, wo sie jedenfalls schon unterrichtet
sind von der Erneuerung des Aufstandes nach der Rückkehr der
Verbannten: in diesen Briefen empfehlen sämmtlich dringend die
Geduld, welche Arnold bisher gegen seine Gegner bewiesen [3]).

Die Gründe, welche Kaiser und Fürsten zu so auffallender
Milde bestimmten gegen Leute, denen sie für später mit völliger

---

1) Cf. oben p. 64.   2) Die Briefe treffen den Erzbischof
auf seiner Reise nach Italien, welche er frühestens am 1. Novbr. 1159
antrat; cf. Jaffé III. 635: postquam eos (Maguntinos) in festivitate
omnium sanctorum gladio excommunicationis ferierat, . . ad imperialem presentiam . . . . transalpinare contendit.   3) Jaffé III. 636.
In omnium . . . epistolarum pretextu ipsius super negotio, cujus gratia profiscicebatur, imperator ac principes accuratissime loqueban-
tur; patientiam, quam in haec causa exhibuerit, admodum commen-
dantes.

Vernichtung drohten [1]), waren durch die damaligen politisch-kirch-lichen Verhältnisse gegeben. Da der Erzbischof von Mainz beru-fen war in dieselben thätig einzugreifen, müssen wir einen kurzen Blick darauf werfen und uns zugleich die Parteistellung, die jener zu denselben einnahm, klar machen.

Nach den verhängnissvollen Vorgängen auf dem Reichstage zu Besançon (1157 Ausgang October) hatte man von kaiserlicher wie päpstlicher Seite an der friedlichen Beilegung der Streitig-keiten verzweifelt, und Curie sowohl wie Kaiser für den herauf-ziehenden Kampf sich gerüstet. Der Papst Hadrian IV erlebte nicht mehr den Ausbruch dieses Entscheidungskampfes; er starb, den Bannstrahl gegen den Kaiser in der Hand (am 1. September 1159). Nicht starb mit ihm das Princip, welches er vertreten hatte. Als bei der nun folgenden Wahl für einen Vertreter des Stuhles S. Peters die hierarchische und die kaiserliche Partei — denn auch in das Cardinalcollegium war die das Reich bewe-gende Spaltung eingedrungen — nicht einstimmig für denselben sich entscheiden konnten, wählte die bei Weitem stärkere hierar-chische Partei den bisherigen Kanzler der Curie, Roland zum Papst, die schwächere kaiserliche dagegen Oktavian, den Cardinal von S. Caecilia [2]).

Die hierarchische Partei hatte durch die Erhebung Rolands die Stellung, welche sie dem Kaiser gegenüber einnehmen wollte, offen angezeigt. Indem sie denjenigen, durch dessen Bemühungen ein Bündniss des Papstes mit den von Neuem sich empörenden Lombarden (Sommer 1159) wesentlich zu Stande gekommen war [3]), denjenigen der bei dem Vertrage der Curie mit König Wilhelm von Sicilien eine hervorragende Rolle gespielt hatte [3]), indem sie den Führer aller antikaiserlichen Bestrebungen zu ihrem Führer

---

1) Jaffé III. 636: prenuntiantes, quod nil aliud perfidos et infi-delissimos ipsos nisi labor pena et erumpa atque confusio maneret etc.

2) Ueber den Hergang bei der Wahl cf. Reuter: Alexander III. Th. I. 63 ff. und die Dissertation von Mayer. Göttingen 1871.

3) Ragew. II. 69. Watterich vitae pontt. II. 451 f. Auch zu der päpstl. Gesandtschaft, die (1157) nach Besançon kam, gehörte er. Wahrscheinlich sprach er — wie auch Reuter c. I. 27 vermuthet — daselbst das stolze Wort: A quo ergo habet, si a domno papa non habet (imperator sc.) imperium? Ragew. I. 10.

wählte, erklärte sie, dass sie den Kampf mit dem Kaiserthum in seiner ganzen Grösse aufnahm.

Friedrich seinerseits war fest entschlossen dem von seiner Partei gewählten Oktavian, der den Namen Viktor IV. als Papst annahm, zur allgemeinen Anerkennung zu verhelfen [1]. In diesem Sinne schrieb er — wahrscheinlich schon von dem Wahlresultat unterrichtet [2] — an den Erzbischof von Salzburg, wie an sämmtliche Kirchenfürsten Deutschlands und Burgunds, sie möchten sich nicht aus Uebereilung für irgend einen Erwählten des römischen Stuhles entscheiden. Ohne seinen Rath möchten sie in dieser Sache nicht vorgehen [3]; in Uebereinstimmung mit ihm aber sich für den als wahren Papst anerkannten später erklären. Wenn nun auch der Kaiser durchaus klar darüber war, wen er selbst als den wahren Papst zu halten habe, so konnte er doch seinen Canditaten nimmer der gesammten Christenheit aufdrängen wollen, ohne eine kirchliche Entscheidung über die Rechtmässigkeit der Wahl desselben aufweisen zu können. Eine solche Entscheidung zu seinen Gunsten herbeizuführen, musste er zuerst die Kirchenfürsten seines Reiches gewinnen. Wie wir oben sahen, suchte er unmittelbar nach der Papstwahl zu Rom sich wenigstens die Neutralität derselben zu sichern. Auch an Arnold von Mainz wird ein ähnliches Schreiben wie das an Eberhard von Salzburg gerichtete gelangt sein [4]. Nach dem, wie Jener

---

1) Das ist klar ausgesprochen in dem gleich zu erwähnenden Briefe des Kaisers an den Erzbischof von Salzburg [M. G. Legg. II. 117 f. . . . quod ad kathedram tanti regiminis aliam personam mullatenus recipere intendimus, nisi quam ad honorem imperii et quietem et unitatem ecclesiae unanimi et concordi assensu fideles elegerint.

2) In diesem Schreiben des Ks. [M. G. Legg. II. 117. 118] heisst es zwar nur: pro electione pontificis facienda jam in Romana ecclesia partes esse audivimus, von einer stattgehabten, beendeten Wahl und dem nach derselben entstandenen Schisma wird dagegen noch nicht geredet. Es ist aber unwahrscheinlich dass der Kaiser vor Crema am 16. Septbr. (v. diesem Tage datirt das Schreiben) noch nichts über die in Rom am 7. September getroffene Papstwahl gehört haben soll.   3) Cf. St. 3365; auch an die Könige von England und Frankreich sandte der Kaiser Boten mit ähnlichen Anforderungen (cf. dasselbe kaiserliche Schreiben).   4) Ibidem . . . . . . de his

sich bisher dem Kaiser erwiesen, konnte dieser wohl auf dessen Eingehen in seine Pläne rechnen. Allein zu weiterer, kräftiger Unterstützung der kaiserlichen Sache machte den Mainzer zur Zeit der Aufstand untüchtig. Daher die Sorge des Kaisers denselben sobald als möglich beizulegen. Gelang ihm dieses, so würde er nicht nur dadurch Deutschland an dieser Stelle beruhigt, sondern sich selbst die thatkräftige Unterstützung eines eifrigen Anhängers seiner Politik möglich gemacht haben.

Arnolds Parsteistellung, auf die wir jetzt einzugehen haben, war entschieden kaiserlich; sie wurde es nicht erst zur Zeit des Concils von Pavia. Der Parteistandpunkt des Verfassers der Vita — ebenfalls kaiserlich [1]) — kann als Beweis dafür, dass Arnold schon vor dem Concil kaiserlich gesinnt gewesen sei, nicht angeführt werden. Der Verfasser schrieb nach Arnolds Tode; er könnte die zuletzt von diesem vertretene Richtung auf die gesammte Regierungszeit desselben ausdehnen. Doch liegen uns andere Zeugnisse über die kirchlich-politische Richtung des Erzbischofs von Mainz vor. Als Kanzler Friedrichs I durch diesen wesentlich auf den Stuhl des h. Bonifacius erhoben, muss er damals ein Mann nach dem Wunsche des Königs gewesen sein. Die Kaiserfahrt d. J. 1155 hatte der Erzbischof von Mainz nicht mitgemacht; in diese Zeit fiel die Fehde mit dem Pfalzgrafen. Als der Kaiser zurückkam und über die Friedensbrecher Gericht hielt, darauf beide Theile für schuldig erkannte: zeigte er gegen

---

autem omnibus per Alemanniam et Burgundiam et Aquitaniam apices nostros direximus, universitatem fidelium hoc scire volentes etc.

1) Jaffé III. 643 (sein Urtheil über Viktor IV.) Octavianum canonica censura electum et promotum, ut illic multis argumentis sole clarius apparuit . . . . Reuter [Alex. III. Th. I. 518] hat diese Stelle wohl übersehen, wenn er sagt: »wer von diesen Päpsten von ihm (dem Verf. der Vita) für den legitimen erachtet werde, ist nicht ausdrücklich gesagt, sondern nur aus seinem Urtheil über die wohlthätige Abhülfe, welche zu Pavia gewährt worden, zu entnehmen«. [Die Stelle, worauf Reuter hierbei hinzielt, steht III. 636]. Der Grund, den R. aus der Unbestimmtheit des Urtheils über die Papstwahl für die Abfassungszeit der Vita nach dem Frieden von Venedig entnimmt, fällt wohl bei Berücksichtigung der citirten Stelle (III. 643) fort.

Arnold seine schon früher bewiesene Geneigtheit; also auch für diese Zeit können wir eine Uebereinstimmung der Gesinnungen Beider annehmen. Jedenfalls ist sodann der Beschluss (vom J. 1157), wonach Aebte und Pröpste und etliche angesehene Ministerialen der Mainzer Kirche sich eidlich verpflichten, nach Arnolds Tode keinen Erzbischof in Abwesenheit des Kaisers zu wählen [1]), mit Zustimmung und unter Mitwirkung Arnolds zu Stande gekommen. Ganz dieser kaiserlichen Richtung entspricht ein Ausspruch, den wir im Anfang einer Urkunde finden, die der Erzbischof Ausgang d. J. 1157 gegeben hat. Es heisst daselbst: Durch Gesetze und Beschlüsse, durch die unabänderliche Ordnung katholischer Männer ist festgestellt worden, dass die Kirchen, welche durch kaiserliche Munificenz ausgestattet sind, aus Gehorsam gegen den Kaiser und für des Reiches Erforderniss sich selbst aussetzen, auch zur Förderung der Hoheit des Reiches nach ihren Kräften eintreten sollen durch Beisteuer ihrer Güter, besonders im Kriege, wo es sich um die Hoheit des Reiches handelt [2]). Von solcher Gesinnung geleitet hat sich Arnold sodann gewiss an dem Schreiben der deutschen Bischöfe betheiligt, welches diese an Hadrian IV [3]) senden, und worin sie entschieden für die Sache des Kaiserthums päpstlichen Eingriffen gegenüber eintreten [4]). Bestimmte Ueberlieferungen über eine Mitwirkung Arnolds bei den italischen Verwickelungen nach der Zeit, da er vom Kaiser nach Deutschland entlassen wurde, — nach der Capitulation von Mailand —˙liegen nicht vor. Da aber sein späteres Verhalten in dem kirchlichen Streite seiner früheren Denk- und Handlungsweise entspricht, auch nichts auf eine zeitweilige Spannung oder Meinungsverschiedenheit zwischen Arnold und dem Kaiser wegen dieser Sache hindeutet, so können wir auch wohl für die Zwischenzeit, d. h. besonders für d. J. 1159, eine Parteinahme des Erzbischofs von Mainz für das Kaiserthum

---

1) Ann. Disibod. M. G. SS. XVII. 29. ad ann. 1157.   2) Gud. cod. dipl. I. 225.   3) Geschrieben wurde es als Antwort auf das päpstl. Schreiben, welches Jaffé (Reg. pontt. 7001) Ausgang 1157 setzt.   4) Ragew I. 16. Mit Namen wird Keiner von den Absendern des Schreibens genannt, sondern sie werden zusammengefasst als die praesules Alemanniae.

gegen das hildebrandinische Papsthum annehmen. Und die Sorge Friedrichs I um Beilegung des Aufstandes in Mainz ist, glaube ich, verständlicher, wenn wir darin nicht blos die Bemühungen des Kaisers den Frieden in seinem Reiche herzustellen erblicken, sondern wenn wir, wie schon bemerkt, annehmen, dass Friedrich I durch die schleunige Beendigung der Empörung in Mainz sich die kräftigere Unterstützung eines Anhängers seiner Politik sich möglich machen wollte. —

Kehren wir nach dieser Abschweifung zu Arnold nach Mainz zurück. Wir hatten ihn verlassen, als er eben nach der Stadt gekommen war (in den ersten Tagen des Oktober 1159) und dort statt der verlangten und zugesagten Genugthuung bewaffneten Widerstand getroffen hatte. Wir hatten gesehen, wir er diesen bewältigte, wie er, statt über die Empörer sofort ein Strafgericht zu halten, dieselben vor die Synode forderte und diesen dadurch Zeit und Gelegenheit gab sich zu verstärken [1]). Die Aufständischen liessen die ihnen gewährte Frist nicht ungenutzt verstreichen; und während sie der augenblicklichen Ueberlegenheit des Erzbischofs Rechnung trugen, indem sie dem Geheiss desselben nachkamen und sich der Synode stellten: trafen sie heimlich alle Anstalten dieselbe gewaltsam aufzuheben und sich dabei der Person ihres verhassten Gegners zu bemächtigen [2]). Als daher die gerichtliche Verhandlung ihr Ende erreicht hatte, und man eben daran ging das Urtheil über die Aufständischen zu sprechen, stürzen plötzlich von drei Seiten her in abenteuerlichster Ausrüstung die wüthenden Scharen derselben unter der Leitung der Söhne Meingots gegen die erzbischöfliche Residenz und die versammelte Synode vor. Doch die wohlbewaffneten Ritter des Erzbischofs, über 600 an der Zahl, wehren den ersten Ansturm der ungeordneten Haufen ab [3]). Zu einem eigentlichen Angriff will sich Arnold nicht entschliessen; sei es im Gefühl seiner Schwäche oder, wie die Vita meint, aus Mitleid mit der zum Theil wehrlosen Menge. Und als auf beiden Seiten der Wunsch nach Versöhnung laut wird, erklärt sich der Erzbischof sogar zu einem ferneren Aufschub des Urtheils auf 14 Tage bereit; doch dann sollten die

---

1) Cf. oben p. 66.   2) Jaffé III. 632.   3) Jaffé III. 632 f.

Empörer ihrem Herrn Genugthuung geben [1]). In der Zwischenzeit verliess Arnold Mainz; nach Seligenstadt, wo er dem Erwählten von Würzburg, Heinrich, die bischöfliche Weihe zu ertheilen hatte, begab er sich zuerst [2]). An dieser Stelle räumt die Vita das Auffallende, was in dem gerade jetzt unternommenen Abzuge Arnolds aus Mainz lag, dadurch ein, dass sie als Grund desselben die nicht zu verzögernde Bischofsweihe angibt. Drängte diese Weihe den Erzbischof wirklich so, dass er sie nicht auf eine ihm gelegenere Zeit verschieben konnte? oder fühlte sich Arnold trotz seiner gerühmten und zahlreichen Begleitung in Mainz nicht mehr sicher? Es scheint in der That das letztere der Fall gewesen zu sein. Denn kaum hatte Arnold die Stadt verlassen, als dort der wildeste Aufstand losbrach. Man stürmte den Dom und trieb an geweihter Stätte seinen frevelhaften Unfug, erbrach die Thüren zur Schatzkammer und raubte oder vernichtete, was sich an Geld, Geräthen, Gewändern, Urkunden, Büchern vorfand [3]). Darauf stürmte die rasende Menge in das Haus des Erzbischofs und richtete dort dieselbe Zerstörung an. Ja auch in die Wohnungen der Geistlichen, welche dem Erzbischof anhingen, drang man ein, und übte dort dasselbe Vernichtungswerk aus. Schliesslich versperrte man die Thore der Stadt und überlegte, wie man weiter gegen den verhassten Erzbischof verfahren sollte. Um etwa schwankende Gemüther zu beruhigen, sprengten die Führer des Aufstandes die Nachricht aus, der Kaiser selbst habe diese Gräuelthaten geheissen [4]), er sei der Anstifter derselben.

Arnold, der sich von Seligenstadt nach Bingen begeben hatte, wartete hier, bis die zugestandene Frist von 14 Tagen abgelaufen war. Wie vorauszusehen war, vergeblich. Jetzt war

---

1) Jaffé III. 633.   2) Jaffé III, 633. His ita dispositis, inevitabiliter instabat, ut juxta condictum Wirciburgensi episcopo Seligenstad in crastinum occurreret, ut ei simul et manum et benedictionem imponeret pontificatus et plenitudinem ministerii conferret.   3) Jaffé III. 634.   4) Jaffé III, 634. Die Hereinziehung des Kaisers in diesen Aufstand ist jedenfalls aus den erwähnten Bemühungen desselben welche einen baldigen Frieden durch möglichste Nachgiebigkeit herbeiführen sollten, zu erklären; die Aufständischen kannten diese Bemühungen und deuteten sie jetzt nach ihrer Weise.

er von der Fruchtlosigkeit fernerer Nachgiebigkeit überzeugt; und nachdem er bei seiner Rückkehr nach Mainz sich ausgeschlossen gesehen, ja vor den Thoren daselbst sogar einen Angriff der Aufständischen hatte zurückschlagen müssen, belegte er am Tage aller Heiligen (1. Novbr.) die Stadt mit dem Interdikt [1]). Darauf machte er sich in Begleitung vieler Geistlichen auf dem Kaiser seine Angelegenheit vorzutragen.

Das war um dieselbe Zeit, da Friedrich I. Einladungsschreiben zu einem ökumenischen Concil nach Pavia, auf welchem die Frage, wer der wahre Papst sei, entschieden werden sollte, an die hohe Geistlichkeit Deutschlands, Burgunds, Englands, Frankreichs, Ungarns, Dänemarks ausgesandt hatte [2]. Die Boten, welche Arnold das kaiserliche Schreiben zu überbringen hatten, trafen diesen schon auf dem Wege nach Italien [3]). Ebenso wie der Erzbischof der Hülfe des Kaisers bedurfte, hatte dieser die Unterstützung des Erzbischofs nöthig. Arnold konnte demnach auf die Bereitwilligkeit Friedrichs I. rechnen; um so mehr, da er dessen Rathschläge, welche Milde gegen die Aufständischen bezweckt hatten, so lange wie irgend möglich befolgt hatte. Die kaiserlichen Boten brachten auch Briefe anderer Reichsfürsten mit; diese empfahlen zwar in Unkenntniss der erst ganz kürzlich geschehenen Gewaltthaten der Mainzer dem Erzbischofe Geduld, doch verhiessen sie sowohl wie der Kaiser — wie schon oben erwähnt [4]) — für später ihre Hülfe gegen die Aufständischen [5]). Nach solchen Kundgebungen konnte Arnold ohne Besorgniss der Entscheidung der Fürsten entgegensehen, und konnte die Mainzer Rädelsführer, welche sich bald nach ihm ebenfalls zum Kaiser aufgemacht hatten, aber auf ihrem Wege von einem italienischen Grossen bis zu Arnolds Ankunft festgehalten waren, ungehindert ihre Reise fortsetzen lassen [6]). Dieselbe Gesinnung, welche in den Briefen

---

1) Jaffé III, 635.   2) Ragew. II, 55. cf. St. 3868—3870.

3) Jaffé III, 636. Ueber die Competenz des Kaisers ein solches Concil auszuschreiben lässt sich der Verf. der Vita nicht aus; er lobt die katholischen Fürsten, welche durch ein solches Concil der Kirchenspaltung ein Ende machen wollen; weitere Bemerkungen gibt er nicht. Ueber die Competenz des Kaisers zur Berufung des Concils cf. Reuter Alex. III. Th. I, 82 ff. und 502 ff.   4) s. oben p. 67.

5) Jaffé III, 636.   6) ibid. III, 637.

der Fürsten ausgesprochen war, fand der Erzbischof von Mainz auch bei diesen selbst, als er jetzt vor Crema anlangte[1]). Feierlich kam man ihm entgegen, forschte theilnehmend nach dem Stande der Dinge in Mainz und Jeder beeilte sich ihm sein Quartier zu gastlicher Aufnahme anzubieten. Arnold nahm vom Pfalzgrafen Konrad, dem Bruder des Kaisers, das Anerbieten an[2]). In der Versammlung vor Kaiser und Fürsten fragte der Erzbischof jenen zuerst, ob auf sein Geheiss die Ministerialen den Mainzer Stuhl preisgegeben, ihn, den Erzbischof selbst, aus Vaterland, Macht und Ehre vertrieben hätten[3]). Darauf erzählte er unter wachsendem Zorne der Fürsten gegen die gegenwärtigen Mainzer Abgesandten den ganzen Hergang.

Nachdem der Kaiser gegen den Verdacht, den der Erzbischof ausgesprochen, feierlichst protestirt hatte[4]), werden die Mainzer aufgefordert zu ihrer Vertheidigung zu reden. Allein sie hat der gewaltige Eindruck, den Arnolds Anklage auf die Fürsten gemacht hatte, völlig eingeschüchtert, und als sie endlich doch zu sprechen wagen, scheint das Vorgebrachte den Fürsten so offenbar erlogen, dass sie durch die Drohungen derselben bald zum Schweigen gebracht werden. Zum Ruhm für Arnolds Sache wurde in der so leidenschaftlich erregten Versammlung des ersten Tages kein Urtheil gefällt. Ja es musste dasselbe wegen der den Kaiser vollauf in Anspruch nehmenden Belagerung Cremas noch etliche Wochen hinausgeschoben werden. Erst als das Weihnachtsfest heranrückte, fand der Kaiser Musse den Streit zu entscheiden. Das Urtheil war so günstig, wie es Arnold nur immer erwarten konnte. Die Mainzer sollten ihrem Erzbischof für alles ihm angethane Unrecht volle Genugthuung geben[5]); falls ihnen

---

1) Jaffé III, 638.   2) ibid. III, 639 et quia vicinior curie et quia ei familiarior erat.   3) ibid. III, 638 an cesaris throno hec tam seva emanasset sententia, quod ministeriales sui coram positi sedem Maguntinam, patria rebus et honore ipso depulso, rapaci sacrilegio et latrocinanti tyrannide debuissent invadere.   4) ibid. III, 639 postquam domnus imperator a se hujus suspicionis notam absterserat und III, 642 sagt der K.: quod, sicut Deo et hominibus odibile est, ita a conscientia nostra et omni mandato nostro, teste Deo, constat esse alienum.   5) ibid. III, 640 ut ipsi, omnimoda satisfactione domno episcopo in misericordia vel judicio respondentes. . . . ibid. 643: et de omnibus illatis injuriis ipsi plenarie satisfacientes.

Leben und Besitz lieb wäre, sollten sie die Stadt, das Domstift,
die erzbischöfliche Residenz in ihren früheren Stand bringen[1]),
die Stadt der Herrschaft des Erzbischofs mit allem Recht und
aller Ehre so frei, wie er sie gehabt, da der Kaiser zu dem noch
währenden italienischen Zuge Deutschland verliess, ohne jeglichen
Widerspruch übergeben[2]). Die Führer des Aufstandes sollten
eidlich versprechen, Stadt, eignes Besitzthum und das gesammte
Erzstift nicht eher zu betreten, als der Erzbischof es gestattet
haben würde. Den vor Crema gegenwärtigen Mainzern aber, die
offenbar zu den Führern des Aufstandes gehörten, nahm der Erzbischof den Eid damals noch nicht ab; »weil sie im Kirchenbann
waren« sagt der Verfasser der Vita, in der That aber, weil er
sie nach der Eidesleistung nicht mehr als Geisseln zurückbehalten
konnte, wie er es jetzt that, und vorerst so lange zu thun beab-
sichtigte, bis die Nachricht aus Mainz gekommen wäre, wie man
daselbst den Spruch des Kaisers aufgenommen hätte; damit, wie
auch die Vita sagt[2]), man gegen die Zurückgehaltenen härter
vorgehen könnte, falls dem Erzbischof nicht Alles zurückerstattet
würde. Dem gesammten Clerus der Stadt Mainz, den Ministerialen und allen Bürgern daselbst wurde darauf jenes Urtheil durch
kaiserliche Gesandte überbracht[4]).

1) Jaffé III, 640 fin. sicut vitam et res diligerent, civitatem, monasterium et omnia ablata . . . restituerent etc. cf. ib. III, 642 quate-
nus . . . cum omni honore et ornamentorum integritate ecclesiam Dei
Deo restituatis; etc.   2) ibid. 643 ipsam quoque civitatem cum
omni jure et honore ita liberam, sicut eam habuit, cum a patria exi-
vimus, omni remota contradictione, ejus dominationi subdatis et re-
signetis.   3) ibid. III, 641: adversariis ibidem retentis, ut post-
modum, nisi omnia restituerentur episcopo, gravius in eos animadver-
teretur.   4) Die kaiserl. Urkunde fängt an: Fredericus . . . . .
universo clero totius civitatis Maguntine ministerialibusque et omnibus ejusdem civitatis civibus. Die Gesandten waren Graf Simon von
Saarbrücken, Walter von Husen und David der Wormser. Der Erste
der Gesandten ist der Bruder des Erzbischofs Adalbert II. von Mainz
und der Agnes, der Stiefmutter des Kaisers. Er war den Mainzern
als Vogt mehrerer Stifte in ihrer Stadt (S. Viktor, S. Peter, S. Alban)
wohl bekannt [cf. Köllner: Gesch. v. Nassau-Saarbr. Saarbrücken 1841].
Walter v. Husen wird einige Jahre später vom Kaiser in ähnlicher
Funktion dem Abt von S. Maria ad grad. zu Hülfe geschickt [cf. Joann. II, 667]. Auch sonst erscheint er in Mainzer Urkunden [cf. Jo-

Dieser kaiserliche Befehl wirkte; und als die Abgesandten darauf nach Italien zurückkehrten, konnten sie von der Wiederherstellung des Zerstörten in der Stadt, sowie überhaupt von dem günstigen Einfluss des kaiserlichen Urtheils melden [1]). Arnold selbst war in der Lombardei zurückgeblieben, um an dem Concile zu Pavia theilzunehmen, welches beinahe einen Monat nach dem ursprünglich für dasselbe anberaumten Termin [2]) in den ersten Tagen des Februar stattfand [3]). Es gelang dort dem Kaiser seinen Schützling Oktavian als wahren Papst proklamirt zu sehen [4]). An diesem Erfolge des Concils hat Arnold einen wesentlichen Antheil gehabt; in glänzender Rede legte er die Gefahren der Kirchenspaltung dar, ermahnte zur Erhaltung der ungetheilten, einigen Kirche, wies auf die Nothwendigkeit der Einigkeit zwischen Papstthum und Kaiserthum hin, und empfahl so Oktavian, durch welchen, wie Jeder wusste, dies eher zu erreichen war als durch Roland [5]). Den lombardischen Bischöfen,

---

ann. II, 521. 649. ibid.]. Den Letzten der Gesandten habe ich sonst nirgends erwähnt gefunden. Wir lernen aus dieser kaiserl. Urkunde auch einige Geistliche kennen, die Arnold treu geblieben oder doch ihm damals wieder zugefallen sind. Als diejenigen, welche neben den kaiserl. Gesandten auf die richtige Herstellung des Domes u. s. w. achten sollten, werden genannt als nuncius archiepiscopi, Arnoldus custos maj. eccles., als Zeugen Hartmannus maj. prepos., Sigelonus decanus et magister Wilhelmus, sämmtlich dem Domcapitel angehörend.

1) Jaffé III, 643. Postquam, perfecta legatione, nuncii repedarunt — de civitatis, ecclesie auleque episcopalis ablatorumque restitutione aliaque prosperitate domno archiepiscopo et universe curie secundos bajulantes rumores. . . . . 2) Dieser war der 13. Januar 1160 (Vita p. 636. Ragew. II, 56. etc.), wurde aber wegen der noch fortdauernden Belagerung Cremas verschoben; das Hinausrücken des Termines erwähnt die Vita (III, 643 dominice nativitatis feriatis sollempniis, Cremensisque oppidi obsidione, ipsiusque facta deditione . . . . ventum est ad Papiense concilium). Prutz [»Friedrich I.« p. 228 Anmerk. 1] irrt daher, wenn er angibt: »die Vita lässt das Concil an diesem Tage (scl. 13. Jan.) stattfinden, kennt die spätere Aufschiebung nicht«. 3) Febr. 5—11; cf. die dies beweisenden Stellen bei Reuter l. c. I, 507 c. 4) Die Schilderung über den Verlauf des Concils Reuter l. c. I, 114 ff.

5) Jaffé III, 644 qualia . . de christiane religionis unitate referenda contra divisionis impiissimum scisma more declamatorio et

welche gegen den vom Concile abwesenden Roland kein Urtheil
sprechen wollten, sondern die Anberaumung eines neuen Concils verlangten [1]), hielten deutsche Bischöfe, und wir können
aus ihren Entgegnungen wohl vermuthen, dass Arnold unter
ihnen war, die Unbilligkeit dieser Forderung vor: ihnen sei
es leicht für die Ansetzung eines anderen Concils zu sprechen,
da sie mit fünf Schillingen die Ausgaben zu solchen Versamm-
gen bestreiten könnten; sie, die deutschen Bischöfe, dagegen seien
von fern hergekommen und wollten eine Entscheidung der Sache
herbeiführen; eine dreimalige Vorladung des jetzt abwesenden Roland sei eine Ungerechtigkeit gegen den erschienenen Oktavian:
die einmalige Ladung, das Peremptorium, träfe die eine Partei so
gut wie die andere [2]). Anderen, welche behaupteten, die Anzahl
der Versammelten sei zu gering, um einen die gesammte katholische Christenheit bindenden Entschluss fassen zu können [3]), traten wieder die deutschen Bischöfe entgegen mit der Erklärung
dass, wer da zu kommen vernachlässigt habe, selber vernachlässigt werden solle, dass, wer das Concil verachte, keine Berücksichtigung von demselben erwarten könne [4]). Und unter denjenigen, welche die Summe dieser Meinungen zogen und erklärten:
weil Roland die Ladung des Kaisers und das Urtheil der Kirche

---

quam profunda disputarit; quomodo et universam ecclesiam in verbo
exhortationis ad emulationem indivise armaverit unitatis et paterna-
rum traditionum; quantum pro pacis bono, quantum ad reformandam
concordiam inter regnum et sacerdotium desudaverit.

1) Ann. Vincent. Pragens. SS. XVII, 679. Plurimi episcopi Lombardie in absentem Rolandum sententiam non debere mitti dicunt,
trina vocatione eum vocari debere asserentes.   2) ibid. Contra
hoc plurimi Alamannie episcopi respondent, episcopos Lombardie has
omnes vocationes et curias cum quinque solidis posse celebrare dicunt.
Verumtamen quia quidam eorum ab oriente, quidam ab occidente,
quidam a desertis montibus ad hoc determinandum vocati veniant,
hanc peremptoriam vocationem utriusque partis esse asserentes dicunt.
3) Concil. Tolosan. Pastrad. epist. Mansi XXI, 1156: omnes . . .
diutina deliberatione consilium habuerunt, se neutrum suscepturos eo,
quod pauci essent de tota ecclesia cf. Epist. episc. Babenb. b. Ragew.
II, 71: cum dilatio primo paene omnibus complacuisset usque ad ma-
jorem rei notitiam et aliud generalius concilium. . .   4) Vinc.
Pragens. SS. XVII, 679. Qui ad hoc venire neglexit, negligatur et
ipse, qui hoc spernit, spernatur et ipse.

verachtet, soll er selber verachtet werden; und weil Oktavian sich erniedrigt hat und ihrem Urtheil sich unterzogen, sei er nach dem Urtheil der Kirche als der wahre, katholische Papst zu betrachten, wird neben Pelegrin, Patriarchen von Aglei, und Rainald, Erwähltem von Cöln, Arnold von Mainz genannt [1]). Es gehörte Arnold zu den eifrigsten Fürsprechern Viktors IV., und hat dieser seine Bestätigung zu Pavia nächst Rainald von Cöln wohl jenem wesentlich zu danken. Der Lohn für die nachdrückliche Unterstützung blieb nicht aus. Noch in Pavia wurden von dem neuen Papste die Privilegien des Mainzer Stiftes, vor Allem die Würde eines apostolischen Legaten für seinen Sprengel dem Erzbischof bestätigt [2]). Dieser ging nach Beendigung der eigentlichen Concilthätigkeit in Pavia zur Ordnung seiner eignen Angelegenheit über. In Gegenwart Viktors IV., des Kaisers und aller zum Concile Versammelten sprach er seine Mainzer vom Banne los [3]) und bestimmte ihnen die Strafen der Busse. Danach sollten die Geistlichen, welche sich an dem Aufstande betheiligt hatten, mitten durch Mainz von S. Peter bis S. Alban in leinenen Gewändern, mit nackten Füssen ziehend die Strafe des Hundetragens auf sich nehmen, darauf vom Erzbischof den Friedenskuss erhalten; doch sollte diesem auch dann noch die Macht zustehen, dieselben gerichtlich vorzufordern. Für die Laien blieben dieselben Bedingungen, die schon vor Crema gegen sie erlassen waren.

---

1) ibid. Peregrinus Aquilegensis patriarcha, Arnoldus Maguntiensis archiepiscopus, Renaldus Coloniensis archiepiscopus, et alii episcopi surgentes dicunt: Quia Rolandus vocationem imperatoris et judicium ecclesiae spernit, spernatur et ipse; et quia Octavianus se humiliavit et eorum judicio se obtulit, verum esse papam et katholicum judicio ecclesiae Dei referunt. Der Patriarch von Aglei hat diese Entschiedenheit für Viktors IV. Sache nicht bis zum Schluss des Concils beibehalten. cf. den Brief des Propstes Heinrieh v. Berchtesgaden a. d. Erzb. v. Salzburg bei Ragew II, 72.   2) Jaffé III, 645: Deinde, novo cum apostolico veterana Romane et Maguntine ecclesie federa novis amicitiis concilians, vicem apostolici super omnem sui metropolitanatus diocesim legationemque novellis fascibus portans; die betreffenden päpstlichen Urkunden scheinen nicht mehr vorhanden zu sein.   3) ibid. 643 f. in praesentia domini pape et imperatoris totiusque concilii domnus Maguntinus . . . adversarios suos ab excommunicationis sententia denodavit.

Die Führer des Aufstandes blieben verbannt, bis der Erzbischof sie zurückberufen würde; auch sie sollten sich nach der Aufhebung der Verbannung jenem, falls er es verlangte, gerichtlich stellen. Den Bürgern wurde aufgetragen, nach Leistung einer Busse mit der Wiederherstellung und Herbeischaffung des Zerstörten und Geplünderten in der Stadt fortzufahren [1]).

Darauf kehrte Arnold in Begleitung kaiserlicher Gesandten, welche im Namen Friedrichs I. dem Erzbischof zu seiner geforderten Genugthuung verhelfen sollten, nach Deutschland zurück. Um die Zeit des Palmsonntags (März 20) traf er bei Mainz ein. Länger als acht Tage blieb er vor der Stadt im S. Albankloster, daselbst die Busse der Bürger entgegenzunehmen. Diese stellten sich auch ihrem Herrn; und Alles schien auf den langersehnten Frieden zu deuten, zumal da sich Arnold bei Entgegennahme der Strafe höchst milde und nachsichtig bewies und auf diese Weise denen, die etwa noch in ihrer Opposition beharren wollten, den Boden unter ihren Füssen zu entreissen schien. Doch die vorher so gewaltig erregten Leidenschaften waren durchaus noch nicht so weit beruhigt, um nicht bei der leisesten Anregung zur hellen Flamme wieder angefacht werden zu können. Und diese Anregung wurde gegeben. Und wieder sind es nicht die Handwerker oder die sogenannten Altbürger, welche den Anstoss geben, sondern die, welche bisher den Aufstand geleitet und deshalb vom Erzbischof mit der Verbannung bestraft worden waren, die Ministerialen thuen dies. Reinbot von Bingen und Gotfried von Epstein [2]) waren ohne Erlaubniss Arnolds mit ihrer bewaffneten Mann-

---

1) Jaffé III, 644.

2) Der Erstere ist bestimmt ein Ministerial; als solcher erscheint er z. B. in der Urkunde Heinrichs 1152 (Regenbodo et Fridericus de Pingnia) bei Stumpf Acta Mog. p. 52 so i. J. 1168 als Minist. neben Arnoldus Rufus bei Joann. II, 753; im J. 1181 milites Reinbodo de Pinguia u. s. gleichnamiger Sohn Stumpf A. M. 95. G. v. Eppst. scheint kein Ministerial sondern ein Vasall des Stiftes zu sein, und in so fern die im Text ausgesprochene Behauptung nicht ganz richtig; aber wenn er selber auch kein Min. ist, so steht er doch denselben sehr nahe; das zeigt die verwandtschaftliche Verbindung der Epst. mit dem Ministerialengeschlechte der v. Boland (c Joann. I, 593; Bodm. Rheing. Alt. II, 545. Bär, Beitr. z. G. v. Mainz I, 106. Joann. II, 598] und den Rheingrafen im Anfang des folgenden Jahrhdrts [cf.

schaft in der Stadt zurückgeblieben. Und als dieser sich anschickt sie aus derselben zu verweisen, um dem Volke, welches wieder durch die Aufreizung jener Beiden anfing schwankend zu werden, das böse Beispiel des Ungehorsams zu nehmen: kehren sofort auch die anderen Verbannten, und wie sie angeben, auf Geheiss des Kaisers in die Stadt zurück. Es währte nicht lange, und der wildeste Aufstand hatte von Neuem sich über die ganze Stadt verbreitet. In kurzer Zeit waren Thürme, Schanzen, Barrikaden, jegliche Vertheidigungswerkzeuge hergerichtet, die Bürger sämmtlich bewaffnet worden; es galt, »den Feind, den Mörder der gesammten Stadt, den Räuber, den Erpresser ihrer Habe« zu tödten.

Reuter[1]) und nach ihm Prutz[2]) behaupten: der Mainzer Aufstand, ursprünglich durchaus nicht kirchlicher Natur, habe seit dem Concile von Pavia und der Parteinahme Arnolds für Viktor IV. das Ansehen eines Religionskampfes angenommen, indem die Empörer für Alexander III. einzutreten und die gefährdete Freiheit der Kirche zu schützen vorgegeben hätten. Reuter giebt zu, dass von solcher — wenn auch nur vorgeblichen — Wendung der Natur des Aufstandes nichts in den Quellen zu lesen sei. Ich glaube, es ist darin eher das Gegentheil zu lesen. Hätten sich die Mainzer als Kämpfer für Alexander III. dargestellt, so wären sie in eine bewusste Opposition zum Kaiser getreten; des Kaisers Autorität aber liessen sie in der schlimmsten Zeit des Aufstandes gelten. Ja als sie dem vom Paveser Concil zurückkehrenden Erzbischof von Neuem sich wiedersetzen, erklären die ohne Erlaubniss Arnolds in der Stadt bleibenden und dorthin zurückkommenden Verbannten: das thäten sie auf des Kaisers Befehl[3]), erklärt die

---

Bodm. Rh. Alterth. I, 91. II, 596]. Die Urkunden, in denen Eppst. im XII. Jahrh. vorkommen, führen unter den »laicis« Grafen, Freie, Minist. u. s. w. zusammen auf. Da haben nun die E.s die Stelle am Ende der Freien und vor solchen, die als Minist. nachweislich sind cf. Gud. I, 294. Bodm. l. c. I, 236; zu welchen sie aber gehören, ist dadurch nicht klar; nur einmal wird er unter den »liberi« Joann. II, 694 genannt; doch auch Werner v. Boland erscheint bisweilen unter diesen, und es ist daher aus dieser einen Stelle kein Schluss zu ziehen.
1) l. c. I, 146 f. 517 f.   2) Gesch. Friedr. I, 835 f.
3) Jaffé III, 646 ipso (Arnoldo) invito et inconsulto denuo civita-

wieder im Aufruhr begriffene Stadt, der Gehorsam, den sie kurz
vorher bewiesen, hätte seinen Grund nur in der Achtung vor dem
kaiserlichen Befehl gehabt[1]). Ein fernerer Umstand, welcher gegen Reuters Hypothese spricht, ist der, dass nach der Ermordung Arnolds der von den »Urhebern dieser Frevelthat«[2]) zum
Erzbischof gewählte Rudolf von Zäringen zu dem Schismatiker
Viktor IV. und dem Kaiser geht, seine Bestätigung und Belehnung nachzusuchen, nicht zu Alexander III.; (erst nachdem er
dort nicht angenommen, geht er zu diesem[3])). Kurz da die Quellen von einer Parteinahme für Alexander III. von Seiten der
Mainzer nichts melden, auch nichts die Annahme einer solchen
Parteinahme nöthig macht, vielmehr die angeführten Fakta für
das Gegentheil sprechen, so glaube ich die Hypothese Reuters ver-
werfen zu müssen[4]). Der Kampf der Mainzer gegen ihren Erzbi-

tem quasi ex precepto imperatorio majori quam prius contumacia
ingressi sunt.

1) Jaffé III, 646: ex mandato et pro mandato . . . cesaris hec
persolvissent.   2) Ann. S. Disib. SS. XVII, 29. Scelere peracto
sceleris auctores cum clero, licet coacto, Rudolfum filium Cunradi du-
cis de Zeringen episcopum substituerunt, postposita fide, quam prius
in manus imperatoris dederant. Also die »auctores sceleris« brechen
nach dem Disibodenberger Annalisten durch die eigenmächtige Wahl
Rudolfs ihr dem Kaiser gegebenes Wort; sie haben demnach vorher
dem Kaiser wegen der Wahl eines Erzbischofs sich verpflichtet. Nun
wissen wir aber durch denselben Annalisten, dass im J. 1157 abbates
et prepositi et meliores quidam de ministerialibus Moguntine ecclesie
fidem in manum regis . . . dederunt in Betreff einer solchen Wahl
[cf. oben p. 71]. Indem also die »auctores sceleris« cum clero, licet
coacto wortbrüchig werden, nach der eben angeführten Stelle aber
neben den Geistlichen nur »meliores quidam de ministerialibus« sich
überhaupt verpflichtet haben, so ist klar, wen wir unter den auctores
sceleris zu verstehen haben. Also auch der Disibod. Annalist erkennt
die Ministerialen als die Träger des Aufstandes an.

3) Annal. S. Disibod. XVII, 29 cf. Prutz l. c. 323 f. 342.

4) Wenn Reuter (l. c. 517) das Schweigen der Vita über das
bei den letzten Wirren mitwirkende Moment (des angebl. kirchl.
Freiheitskampfes) durch die Annahme erklärt, »dass der Verfasser
erst nach dem Abschluss des Fr. v. Venedig geschrieben, und daher
gerade als kaiserl. Gesinnter die Spur dessen, was von Alexandrini-
scher Parteiung mitgewirkt, in der damaligen Geschichte der Stadt
verwischen musste«, so ist dieser Schluss nicht richtig, weil die An-

schof war entstanden und blieb bis an sein Ende ohne religiöse
Motive, selbst ohne ein erheucheltes Vorgeben solcher. Und es
eilte der Erzbischof Arnold jetzt denselben mit durchaus weltlichen Waffen niederzuschlagen. Er verbündete sich mit dem Sach-
senherzog Heinrich dem Löwen, der in Pavia bei den Strafbe-
stimmungen für die Mainzer zugegen war, anderen Fürsten und
rief auch die Hülfe seiner Edelleute zur Bewältigung der Unruhen
an. In Hessen scheint sich die Hauptstärke des Heeres, welches
gegen die aufständische Bischofsstadt marschiren sollte, gesammelt
zu haben [1]). Arnold selbst hatte sich dorthin begeben. Er schickte
sich eben an gegen Mainz hin aufzubrechen, als ihm in Amöneburg [2] Abgesandte der Mainzer entgegenkamen. Die Empörer
hatten wohl kaum erwartet, dass der Erzbischof zu solch entschiedenen Massregeln greifen würde, wie er es jetzt gethan hatte;
denn kaum hatte man von den Rüstungen Arnolds, seinem Bunde
mit Heinrich dem Löwen und den anderen Fürsten, von dem An-
marsch einer bedeutenden Truppenmacht gehört, als man in der
Stadt Vorkehrungen traf dem drohenden Unwetter auszuweichen.
Die den Erzbischof in Amöneburg treffende Gesandtschaft sollte
von Neuem um Frieden bitten und dabei Geisseln, so viele und
welche immer der Erzbischof verlangte, versprechen. Konnte man
solchen Bitten und Versprechungen nach den Vorgängen der letzten Zeit trauen, konnte man darauf hin seinen schon in der Ausführung begriffenen Plan aufgeben oder nur verschieben? Arnold
that es. Er glaubte an die Aufrichtigkeit seiner Gegner derart,
dass er einen weiteren Vormarsch seiner Verbündeten für unnöthig hielt und dieselben in Hessen zurückliess. Nachdem er sei-

nahme, das Werk sei nach jenem Frieden geschrieben, falsch ist.
Dass der Verf. vor dem Frieden von Venedig schrieb (cf. Jaffé III,
604) ist einmal seine entschiedene Parteinahme für Viktor IV. bewei-
send (cf. oben p. 70 Anmerk. 1), sodann spricht dafür — ausser den
von Jaffé (l. c.) und Böhmer (fontes III, p. XLV) angebrachten Gründen — klar eine Stelle der Vita (III, 636): apostolicis . . . . dissiden-
tibus, quorum alteri Victor alteri Alexander tradiderat pronostica nomen. Eine solche Bemerkung hätte nach dem Frieden von Venedig
wohl nicht mehr gemacht werden können.
  1) Arnold war in Amöneburg; ganz in seiner Nähe, in Treisa, stand
H. d. L. cf. Erhard Reg. Westf. 1880 u. Göttinger G. A. 1866 p. 605.
  2) An der Ohm, einem Nebenflüsschen der Lahn.

ncu Verwandten, den Vicedominus Helfrich nach Mainz wegen der Beschaffung der Geisseln vorausgeschickt hatte, geht er selbst über Kloster Bleidenstadt im Taunus nach Bingen. Des Erzbischofs Benehmen in dieser Zeit ist in der That unerklärlich. Von einer Beeinflussung des Kaisers kann jetzt nicht mehr die Rede sein. Welche Motive sollten diesen bestimmt haben für die, wie es schien, unverbesserlichen Empörer von Neuem sich ins Mittel zu legen? zumal da jetzt, nachdem die kirchlichen Verhältnisse vorerst geordnet waren, auch eine kriegerische Macht in Deutschland vorhanden war um den Aufstand mit Gewalt zu unterdrücken. Es ist sogar wahrscheinlich, dass der Beistand, den Arnold von Seiten der Fürsten, vor Allem bei Heinrich dem Löwen fand, mit Einwilligung des Kaisers gewährt wurde. Wir müssen den Entschluss Arnolds, der ihn von einem eben erfassten Plane abgehen heisst, seinem freien Willen oder besser seiner Unentschlossenheit zuschreiben. Er sagt dem völlig entsprechend selber in einer Urkunde dieser Zeit, dass er nicht mehr wüsste, was er thun sollte, so sehr hätten ihn die fortwährenden Wirren und Unruhen betäubt [1]). Ein Schmerzensschrei, der wohl aus aufrichtigem Herzen kam; die Gemüthsstimmung aber, der er entsprang, hatte ihn zu Massregeln getrieben, die ihm verhängnissvoll werden sollten. Mit der Bestimmung, welche die Fürsten in Hessen zurückliess, hatte er, bei einer halben Massregel stehen bleibend, seine Sache verschlimmert: er hatte den Aufständischen gezeigt, dass sie von ihm schlimmsten Falls das Aeusserste zu erwarten hätten, er hatte ihnen gezeigt, dass er sie und ihre Stadt mit Waffengewalt zu zwingen bereit wäre: aber indem er es bei der Drohung be-

---

1) cf. Joann. II, 645 ff. Gud. I, 233. ann. 1160 ind. VIII . . . . anno imperii ejus (Friderici) IX (letzteres wahrscheinlich in anno regni ejus IX zu ändern; annus imperii IX war erst 1163 Juni 18 — 1164; annus regni IX dagegen 1160 März 9—1161 März 9) ohne Ortsangabe (vielleicht Bingen; unter den angeführten 17 Zeugen erscheinen 16 in einer Urkunde, die jedenfalls aus Bingen datirt, wenngleich auch sie den Ort der Ausstellung nicht nennt; letztere steht bei Gud. III, 1060) dort heisst es: omnes communiter in tantam jam devenimus miseriam, in tantam perturbationis et confusionis voraginem impegimus et involuti sumus, ut et nobis . . . . quid faciendum quidve sperandum sit in dubium venerit.

liess, reizte er, verbitterte er nur und weckte oder nährte in den
Mainzern den Gedanken, dass gegen ihn, als »den verderblichsten
Feind ihrer Interessen, den Zerstörer der Stadt« alle Mittel an-
zuwenden erlaubt sei.

In Bingen empfängt der Erzbischof eine zweite Gesandtschaft,
welche die Versprechungen der früheren noch überbietet und zugleich Arnold bittet nach Mainz zu kommen, in seiner Residenz
ihre Busse entgegen zu nehmen. Durchschaute Arnold wirklich
nicht ihre Absicht ihn von seiner Begleitung zu trennen, ihn als
willen- und machtlosen Gefangenen in ihrer Mitte zu haben, oder
wollte er einem Gedanken, der solche Befürchtungen enthielt, nur
nicht Raum geben? Die von ihm befolgte Handlungsweise scheint
für das Letztere zu sprechen, indem sie neben dem grössten Vertrauen doch auch ein nicht ganz unterdrücktes Misstrauen zeigt:
Arnold geht auf die Wünsche und Bitten der Mainzer in der
Hauptsache ein, kommt mit geringer Begleitung herbei, wagt es
aber doch nicht in die Stadt selbst einzutreten, sondern bleibt
dicht vor den Mauern derselben, in dem Jakobskloster zurück.
Am Tage vor dem Feste Johannis des Täufers (24. Juni) traf er
dort ein um den lang ersehnten Frieden mit seinen Unterthanen
zu Stande zu bringen. Um diesen ein ferneres Zeichen seiner
friedlichen Gesinnung zu geben, liess er den grössten Theil seiner
an sich schon geringen Begleitung in der Stadt hier und da zer-
streut Quartier nehmen; nur einige wenige Getreue behielt er bei
sich im Kloster. Das S. Jakobskloster stand damals unter dem
Abte Gotfried, demselben, den wir oben als einen Gegner des
Erzbischofs kennen gelernt haben[1]). Er hatte sich aber im Verlaufe des Aufstandes Arnold wieder zugewendet, war von diesem
in Gnaden aufgenommen und bald darauf in jeder Weise ehren-
voll ausgezeichnet worden[2]). Doch trotz seines scheinbaren Par-
teiwechsels, trotz der vielen erzbischöflichen Gunstbezeigungen hatte
er seine Feindschaft gegen Arnold beibehalten. Er wandte das
Vertrauen, welches ihm dieser dadurch erwies, dass er in seinem
Kloster abstieg, dazu an seinen Herrn zu verrathen.

Sobald sich die Nachricht von der Ankunft des Erzbischofs
in Mainz verbreitet hatte, schickte man in dem Glauben, dass

---

1) cf. p. 62 und 63.   2) Jaffé III, 653.

jener mit starker Heeresmacht gekommen sei, Boten zu ihm, die ihm die Leistung der Satisfaktion und Stellung der Geisseln auf den folgenden Tag ansagen sollten. Als man aber erfuhr, dass die Begleitung Arnolds so wenig zahlreich sei, als man sich davon überzeugt hatte, dass das Opfer wirklich in die ihm gestellte Falle gegangen war, fing man an Schwierigkeiten zu machen; bis in die Nacht hinein wurden die Verhandlungen hingezogen[1]). Am nächsten Tage jedoch, dem Johannistage, sollten sie nach Beendigung der kirchlichen Feierlichkeiten abgeschlossen und durch Stellung der Geisseln bekräftigt werden.

So war man zwar übereingekommen; allein bei den Empörern stand jetzt der Entschluss fest ihren Erzbischof zu ermorden. Doch der rechtliche Schein sollte dabei so viel wie möglich gewahrt bleiben: die Mainzer sollten in den Augen der richtenden Welt als die schwer Beleidigten, der Erzbischof als der Beleidiger erscheinen. Man wollte den Forderungen Arnolds scheinbar nachkommen und Geisseln stellen; doch diese sollten nicht angesehenen Familien sondern den niedrigen Ständen angehören. In der voraussichtlichen Zurückweisung derselben wollte man eine Herausforderung, einen Bruch des eben geschlossenen Friedens erblicken, und um solchen Frevel zu strafen, wollte man über den Wehrlosen herfallen, ja dabei nöthigen Falls das Kloster in Flammen aufgehen lassen.

Der Verfasser der Vita bezeichnet als den Erfinder dieses Planes den Abt Gotfried. Aber, was er in seinem ganzen Werke nicht thut, er steht nicht ein für die Wahrheit dieser Behauptung. Er schreibt, »wie man sagt« habe der Abt die Rede gehalten[2]), in welcher jener Plan dargelegt wird, und nach Anführung der Rede fährt er fort: nachdem der Erzbischof »nach glaublicher Versicherung« diese Rede zufällig angehört, hätte er »wie es heisst« den Abt so und so angefahren[3]). Es scheint demnach,

1) Jaffé III, 652. Cum igitur de conventione hac, de obsidibus, de satisfactione per totum illius diei spatium tractaretur et noctis; et tota curia, impatiens morarum crastinum pacis spectaculum . . . . prostolaretur . . .   2) Jaffé III, 653 hic . . . efferata, ut dicitur, crudelitate interpretabatur dicens. . .   3) ibid. 654. Ubi autem probabili attestatione conlocutionem, quam cum adversariis habuit, in ipso domnus comprehendit episcopus, a sue conspectu presentie ipsum eliminans, tali objurgatione eum, ut fertur, increpuit.

dass er selbst nicht recht an die Autorschaft des Gotfried geglaubt habe. Doch indem der Verfasser später noch einmal auf jenen Mordanschlag zurückkommt, stellt er bedingungslos den Abt Gotfried als den eigentlichen Urheber desselben dar [1]); ebenso lässt er die am Vorabend des Johannistages erfolgte Fortweisung Gotfrieds durch Arnold geschehen, weil der Erzbischof ihn ertappt, wie er jenen Anschlag den Mainzern gerathen habe [2]). Mag nun der Abt auch nicht der Erfinder des Planes sein, mag er von dem Erzbischofe fortgejagt sein, nachdem er überhaupt eines Einverständnisses mit den Empörern überführt war [3]): so viel steht fest: wir haben in dem Abt vom S. Jakobskloster einen entschiedenen Gegner Arnolds zu suchen; ein Zeugniss dafür ist die Strafe, die der Kaiser später über ihn verhängt [4]).

So kam der 24. Juni heran. Als die kirchliche Feier beendet war, meldete man Arnold die Ankunft der Geisseln: es waren Knaben aus der niedrigsten Klasse der Stadtbevölkerung. Im ersten Augenblick fuhr der Erzbischof auf, schalt die Mainzer wegen ihrer Arglist, ihres Wankelmuthes und Betruges, doch hielt er mit einem bestimmten Bescheid noch zurück: nach der Mahlzeit wollte er ihnen antworten; bis dahin sollten sie bleiben und mit ihm das Festmahl theilen [5]).

Hielt sich der Erzbischof hinter den Mauern seines Klosters gegen einen plötzlichen Ueberfall gesichert, oder glaubte er nicht, dass die Mainzer einen Angriff auf dasselbe wagen würden, genug er that nichts, was zu seinem Schutze beitragen konnte. Inzwischen waren in der Stadt alle Vorbereitungen zum Morde getroffen, und der Augenblick der Ausführung war gekommen.

Eben hatte sich Arnold nach Beendigung des Mahles und nach der Versorgung von Armen und Waisen, denen er zu aller

---

1) ibid. 655: cucullatus autem diabolus (sc. Godefridus) . . . hesternam furoris parricidiique crepulam Maguntinis eructabat.

2) cf. vorige Seite Anmerk. 3.   3) Für dies Letztere scheint die Sachlage zu sprechen: es würde die Sorglosigkeit Arnolds einen hohen Grad erreicht haben, wenn er bei der genauesten Kenntniss des Mordanschlags am Abend des 23. Juni noch den folgenden Tag im Kloster erwartet hätte, ohne auch nur das Geringste zu seinem Schutz in der Zwischenzeit gethan zu haben.   4) Annal. S. Disibod. SS XVII, 29 ad ann. 1163.   5) Jaffé III, 655.

Zeit ein bereitwilliger Helfer war [1]), etwas zu ruhen niedergelegt, als sich plötzlich von der Seite der Stadt her ein betäubender Lärm vernehmen liess.

Unter wüstem Geschrei, unter dem Schall der Hörner und Trompeten und dem Läuten der Sturmglocken stürzten auf drei Wegen vertheilt die wilden Scharen der Aufständischen heran gegen das Jakobskloster. Bald liess sich, das Getöse überragend, der Ruf vernehmen: Wehe, gebrochen ist der Friede! damit war das angebliche Motiv des Angriffs und das Ziel desselben bezeichnet. Man hatte die Antwort des Erzbischofs nicht erst abgewartet; man hatte in dem — jedenfalls nach der Stadt schleunigst berichteten — Empfang der Geisseln durch Arnold die gesuchte Herausforderung, den ersehnten Friedensbruch erblickt. Jetzt kam man diesen zu strafen. Dudo, der Bruder des Erzbischofs hörte zuerst den Lärmen der Anstürmenden, er erkannte die drohende Gefahr und in das Zimmer seines Bruders stürzend, bat er

---

1) Jaffé III, 653 occupatus enim circa innumerabiles pauperes, viduas et orphanos, quos in instanti opere misericordie . . . . . ut sibi semper moris erat . . . . zu vergleichen p. 608 circa omnes afflictos pia et clementissima gestitans viscera orphanorum viduarumque . . . . . . omniumque peregrinantium unicum gremium armarium etc. etc. ebenso III, 627 ich glaube demnach, dass der Brief des Abtes Ruthard von Eberbach an den Erzb. »A.« (Jaffé III, 405) nicht an Arnold gerichtet ist. Dieser Erzb. »A.« wird Adalbert II. sein; die Vita Adalberti II (Jaffé III, 565 ff.) enthält nämlich v. 1109—1129 eine Stelle, in welcher einem Abt, dem Vorsteher eines Mainz unterworfenen Klosters, ungefähr dieselben Mahnungen an Adalbert II. in den Mund gelegt werden, wie sie in dem angeführten Briefe der Abt Ruthard an den Erzb. »A.« richtet. Jaffé (III, 603) würde ebenfalls jenen Brief Ruthards an Adalbert II. gerichtet sein lassen, wenn nicht in der Chronik des Erzb. Christian (Jaffé III, 688) stände: Erat quidam abbas in clausto Eberbach . . . ., qui ipsum Arnoldum pro suis excessibus saepe literis arguit et imminentia pericula intimavit. Doch wir haben schon in der Vorrede Gelegenheit gehabt auf die Unzuverlässigkeit Christians hinzuweisen, die er zeigt, wo er über Vorgänge aus dem 12. Jahrhundert spricht (cf. darüber auch Jaffé III, 676); daher glaube ich auch an dieser Stelle eine Verwechselung der Erzbischöfe Adalbert II. und Arnold durch ihn annehmen zu dürfen und halte wie Wegele (l. c. p. 38 Anmerk. 89) die Erzählung des Christian hier nur für Tradition, cf. auch Reuter (l. c. I, 148 Anmerk. 4).

diesen inständigst sich mit seinem Gefolge durch schleunige Flucht zu retten. Aber Arnold lehnte solchen Vorschlag, der von der übrigen Umgebung eifrig unterstützt wurde, ab: Mag Gott thuen, was ihm gut scheint, erwidert er, erhebt sich und geht auf seinen Stock gestützt umher die Seinigen an ihre Plätze zu stellen, sie zur Tapferkeit anzufeuern; da sie für die gerechte Sache gegen Ungerechte und Treulose stritten, müsste ihnen in kurzer Zeit Hülfe werden.

Während nun Alles zum Kampfe eilte, wendet sich Arnold in heissem Gebete zu Gott ihn um Befreiung aus der Gefahr bittend, um Einsicht für den Fall, dass die Menge eindringen sollte; angstvoll schaut er dabei von Zeit zu Zeit nach der Thür, ob nicht einer der Seinigen käme ihn von dem glücklichen Ausgange des Kampfes, der inzwischen um das ganze Kloster herum mit der grössten Heftigkeit begonnen hatte, zu melden. Die Anzahl der Stürmenden überstieg bei Weitem die der Angegriffenen. So lange diese jedoch aus dem Klosterbau hervor wie aus einer Festung in gedeckter Stellung schiessen und schleudern konnten, wurde keine Entscheidung herbeigeführt [1]). Und mehrere Stunden hatte schon der erbitterte Kampf getobt, da warfen die Mainzer in den Theil des Klosters, der die Nonnen beherbergte, Feuerbrände, Pech, Stroh und andere leicht entzündbare Stoffe, und bald stand das ganze Gebäude in hellen Flammen [2]. Sobald die rauchenden Trümmer des niedergebrannten Theiles es zuliessen, drang die wüthende Menge in den Hofraum des Klosters ein [3]), nahm gefangen oder misshandelte oder erschlug, was ihr in den Weg kam. Einigen Getreuen des Erzbischofs gelang es, zu diesem zu fliehen, ihn mit der Grösse des Unheils bekannt zu machen [4]). Auf ihren Rath und von ihnen begleitet eilte Arnold jetzt aus der Kirche fort in einen der Thürme hinauf [5]). Rauch hinderte die gerade im Augenblick seiner Flucht eindringenden Mainzer den Erzbischof zu erkennen und zu verfolgen [6]). Aber nicht lange vermag dieser in seinem Versteck zu bleiben; dichter Rauch und die Hitze des den Thurm umzingelnden Feuers treibt das unglückliche Opfer der Volkswuth aus dem einen Thurm fort in einen zweiten hinein [7]). Arnolds Lage wird mit jedem Augen-

---

1) Jaffé III, 658.   2—5) ibid. 659.   6) ibid. 660.   7) ibid.

blick furchtbarer: der Zeitpunkt, wo das Feuer ihn auch aus diesem seinem letzten Zufluchtsort treiben wird, rückt unabwendbar näher und näher; vor der Thür des Thurmes stehen aber die Rasenden, welche gierig nach dem Blute ihrer Beute lechzen. In der Ueberzeugung von der Unmöglichkeit einer Rettung findet Arnold endlich seine Ruhe wieder [1]); er bereitet sich zum Tode vor, beichtet und erhält von einem seiner Begleiter das Abendmahl [1]). Darauf entlässt er sie Alle aus ihrer Pflicht, und bittet sie an ihr Heil zu denken. Zögernd entfernt sich Einer nach dem Andern. Da gewahrte der Erzbischof durch den dichter sich ballenden Rauch hindurch einen seiner Ministerialen, einen Verwandten der Meingots, dessen Pathe er war, und dem er viel Gutes erwiesen hatte [2]). Noch einmal regt sich in Arnold die Hoffnung; er ruft jenen an, bittet und beschwört ihn ihm zu helfen, ihn zu retten. Der Angeredete scheint gerührt von dem Schicksal seines geängstigten Gegners; er verspricht wegen der Rettung desselben mit seinen Verwandten Rücksprache zu nehmen und eilt fort: aber vergebens erwartete Arnold seine Rückkehr [3]). Die Flammen hüllten jetzt den Thurm völlig ein, und die Hitze wurde unerträglich; selbst die Steine strahlten schon versengende Glut aus und gestatteten kaum ein längeres Verweilen im Thurme. In der entsetzlichen Noth schickt Arnold noch einen Boten aus mit den Meingots zu unterhandeln; auch dieser kommt nicht zurück [4]); an dem Ausgange des Thurmes angelangt, ergibt er sich nach dem vergeblichen Bemühen mit einem Meingot zu sprechen oder die Menge zur Milde gegen seinen Herrn zu stimmen einem der Mainzer [5]). Wieder folgen für den Erzbischof schreckliche Augenblicke, in denen die schwache Hoffnung mit der gewissen Todesfurcht einen furchtbaren Kampf kämpft. Nachdem er an der Rückkehr des Abgesandten verzweifelt, schickt er einen Abt, der bis jetzt bei ihm ausgehalten, zu demselben Zwecke aus [6]). In beweglicher Rede, unter inständigen Bitten versucht dieser die

---

1) Jaffé III, 660: tandem, omnibus angulis consultationis et deliberationis exploratis, ad hanc . . . . devenit sententiam, ut se sacrificium laudis in adorem suavitatis Jesu Christi offerret; und p. 661: postquam manibus sub sacerdotum se confitendo multis lacrimis humiliavit, sacramento Jesu Christi munitus . . . . .   2) u. 3) Jaffé III, 663.   4—6) ibid. 664.

Meingots und die Menge zu bewegen Arnold nicht zu tödten, sondern ihn gefangen zu nehmen und so lange festzuhalten, bis er ihren Wünschen völlig genügt hätte [1]). Doch das Ende seiner Rede wartete man nicht ab; mit dem Rufe: »das ist einer von den Verräthern« stürzte man über den unglücklichen Abt her, schlug und misshandelte ihn und führte ihn endlich gefesselt fort [2]). So kehrte auch der nicht zu Arnold zurück, bei dem allein noch sein Bruder Dudo geblieben war. Auch diesen bittet der Erzbischof jetzt ihn zu verlassen, an die eigne Rettung zu denken, die ihm ja sicher sei, da er Niemand beleidigt habe. Nach einigem Bedenken siegt in Dudo die Lebenslust; er verlässt seinem Bruder, steigt die Treppen des Thurmes hernieder und überliefert sich unten einem der Meingotschen Söhne, Embricho mit Namen. Dieser nimmt ihm sein Schwert ab, versichert ihn, dass er nichts für sein Leben zu fürchten habe und schickt sich eben an mit seinem Gefangenen den Klosterhof zu verlassen, als ihnen Beiden der jüngere Meingot entgegenkommt. Sobald dieser den Bruder seines Todfeindes erblickt, stürzt er auf ihn mit gezücktem Schwerte los und stösst ihn ohne Rücksicht auf den durch Embricho gewährten Schutz treulos nieder [3]).

Jetzt war Arnold allein. Was er in jenen Augenblicken empfunden, was er gelitten, gehofft, gefürchtet, lässt sich eher denken als beschreiben [4]). Das Feuer hatte ihn vom Thurm heruntergetrieben; da sass er jetzt dicht am Ausgange des glühenden Gemäuers, ein hölzernes Krucifix in der Rechten haltend, mit der Linken das Haupt gegen die Glut des Feuers schützend, die ihm das Haar versengt und die Haut durch Brandwunden entstellt hatte [5]). Der dichte Rauch verhüllte ihn einen Augenblick seinen Feinden, welche die brennende Kirche verlassen und ausserhalb der Mauern sich aufgestellt hatten. Da zertheilt sich plötzlich der Rauch, eine Flamme erhellt die Stätte, da Arnold sass. Ein Ritter, Helinger mit Namen, sieht den Unglücklichen, kommt herbei, und nachdem er auf seine Fragen an denselben: wer er sei, was er hier treibe, keine Antwort erhalten, erkennt er end-

---

1) Jaffé III, 664. 2) ibid. 3) ibid. 665 f.
4) Der Verf. der Vita führt lange Gebete und die Gedanken Arnolds aus dieser letzten Stunde (668—71) an. 5) Jaffé III, 666 f.

lich in der halbverbrannten Gestalt den Erzbischof. Auf seinen lauten Ruf: hier! hier! hier ist er! kommt her! stürzt die wahnsinnige Menge herbei, und während es von allen Seiten wiederhallt: »schlagt ihn todt! schlagt ihn todt!« führt Helinger den ersten Streich gegen das greise Haupt des Erzbischofs [1]). Die so lange zurückgehaltene Mordgier kennt jetzt kein Mass, kein Ziel; Jeder will an dem Morde des Verhassten theilhaben, Jeder in dem Blute des Opfers seine Rache kühlen; ja selbst an dem Leichnam lassen sie noch ihre Wuth aus und treiben mit ihm ihren entsetzlichen Spott. Drei Tage lag er so da, unbeerdigt, den Strahlen der heissen Junisonne ausgesetzt [2]), umstanden von den Armen und Waisen und Schottenmönchen [3]), die in ihm ihren treuesten Helfer beklagten. Das letzte Vorhaben der Mörder die Leiche mit der Tafel, welche man Excommunicierten anheftete, ins Wasser zu werfen und ihr dadurch auch da, wo sie etwa antrieb, ein christliches Begräbniss zu verweigern [4]), vereitelten die Brüder von S. Maria ad Gradus, denen der Erzbischof besonders gewogen war und denen er erst vor Kurzem eine Schenkung gemacht hatte [5]), indem sie den halbverwesten und völlig unkenntlichen Todten am Abend des 26. Juni 1160 in ihrer Kirche beisetzten [6]), wo zu ruhen Arnold einstmals gewünscht hatte.

1) Jaffé III, 671. 2) ibidem 673. 3) ibid. 673. 674. Uns wird sonst nichts von der Bevorzugung der Schotten durch A. überliefert, das Wenige was uns über die Mainzer Schotten überhaupt berichtet wird cf. Archiv für hess. Gesch. IX, 195 ff. Trithem. Chron. hirsaug. ad ann. 1051 (editio 1651 vol. I, 191) sagt: Sunt qui dicant .... monasterium (sc. S. Jacobi) a principio fundationis suae, donatione fundantis a monachis Scoticae nationis possessum, primosque inhabitatores de Colonia ex monasterio S. Martini ..... fuisse assumptos. Darauf hin vermuthet Heber (Arch. f. hess. G. l. c.) »vielleicht fürchteten die Benedicter von S. Jakob bei der Vorliebe Arnolds für die Schotten eine Zurückführung derselben ins Jakobskloster; daher vielleicht die feindliche Haltung des Abtes Gotfried«. Doch es entbehrt offenbar die Erzählung des Trithemius der Begründung; wir finden im S. Jakobskloster seit seiner Gründung deutsche Namen und Vorsteher; der erste Abt hiess Walther, der zweite, Ruthard mit Namen, war vorher Abt von Hersfeld (ein Diplom K. Heinrichs IV. v. J. 1064 für monasterium S. Jac. apostoli .. cui presidet Waltherus venerabilis abbas erwähnt ebenfalls nichts von Schotten). cf. Joann. II, 803 ff. 4) Jaffé III, 674. 5) Joann. II, 645 ff. Gud. I, 233 ff. 6) Jaffé III, 674 f. coram ejusdem sacratissime virginis altari est

So endete Arnold von Selehofen, der frühere Kanzler, der Erzbischof, der Reichsfürst und Freund des mächtigen Friedrich I. Ein eifriger Anhänger der kaiserlichen Politik, wurde er an der beständigen Unterstützung derselben durch die Sorge um Befestigung seiner weltlichen Macht gehindert. Er tritt demnach hinter die bedeutenden Gestalten Rainalds von Köln und seines Nachfolgers Christian wesentlich zurück. Doch im entscheidenden Augenblicke sehen wir ihn nachdrücklich und mit Erfolg die Sache des Kaisers verfechten. Daher war denn auch dieser bemüht dem befreundeten Erzbischof zur Unterdrückung seiner Feinde beizustehen. Allein, wie diesen eigne Sorge von einer ununterbrochenen Theilnahme an den Staatsgeschäften fernhielt, so hinderten Friedrich die Verhältnisse dem Erzbischof nachdrücklich beizustehen. Er verurtheilte von Italien aus die Mainzer als die Schuldigen, schickte Dekrete, worin er sie zur völligen Unterwerfung unter ihren Erbischof aufforderte; aber diese Befehle durch Waffengewalt zu unterstützen vermochte er nicht; und deshalb rieth er Arnold mit der grösstmöglichen Milde zu verfahren. Diese kaiserlichen Wünsche, mehr jedoch eigner Entschluss trieben den Erzbischof zu halben Massregeln, und an diesen, kann man wohl sagen, ist er schliesslich zu Grunde gegangen. Er drohte ohne zu schrecken, und trieb dadurch die etwa noch Schwankenden auf die Seite der Opposition. Und diese Opposition ging aus von den Ministerialen [1]); sie haben seit der Erhebung Arnolds zum Erzbischof nicht geruht die Stellung desselben zu untergraben; sie waren es, welche die Gerüchte aussprengten, nach denen Arnold seinen Vorgänger verläumdet habe und dadurch an dessen Stelle gekommen sei; sie benutzten den ersten Ausbruch des Unwillens gegen die Reformen des Erzbischofs und schlossen sich dem Pfalzgrafen an gegen ihren Herrn zu kämpfen. Darauf wurden ihnen die Führer genommen und die Ruhe auf einige Zeit wiedergegeben. Da ist

locum sepulcri, quem vivens quandoque in votis habuerat . . . . sortitus; auch von der Klosterkirche zu Brombach wird derselbe Wunsch Arnolds von der Vita (p. 619) berichtet: Ibi enim voluntatem quiescendi extremo declaraverat, locumque sepulcri fecerat; fecissetque votis satis, nisi ei alter occurrisset eventus.

1) Cf. oben p. 62. Anmkg. p. 75. 80. 82 Anmkg.

es wieder ein Ministerial — Arnold der Rothe —, der das Zeichen zu neuer Auflehnung giebt, als der Erzbischof die Heersteuer auflegen will; und bei dieser Opposition gelingt es ihnen schon die Altbürger auf ihre Seite zu ziehen. Doch mit dieser Steuerverweigerung scheint die Auflehnung der Letzteren für den Augenblick beendigt zu sein; denn in den Aufstand, der sich während des Erzbischofs Abwesenheit erhebt, werden zwar die » priores Moguntini paene omnes « aber nicht die cives hineingezogen. Doch einige andere Bundesgenossen haben sich die Ministerialen erworben; etliche und zwar hervorragende Geistliche der Mainzer Kirche. Es mag der päpstliche Bescheid, der diese ganz in die Gewalt ihres Erzbischofs gab, eine solche Parteinahme wesentlich befördert haben; vielleicht hat Arnold auch der Geistlichkeit irgend welche aussergewöhnliche Lasten auferlegt: was auch der Grund ihrer Betheiligung am Aufstande gewesen ist, eine allgemeine war diese nicht; und selbst von denen, die im Anfang (1158) zu den Gegnern Arnolds gehörten, kehrten während der Empörung einige wieder auf die Seite des Erzbischofs zurück. Allerdings ist der wesentliche Leiter der Empörung ein Geistlicher; allein er leitet sie nicht als Priester sondern als Mitglied eines Ministerialgeschlechtes, als der Verwandte der Meingots; und wenn es richtig ist [1]), dass der Abt Gotfried ein Bruder Werners von Boland ist, desjenigen Ministerialen, der ebenfalls eine hervorragende Stelle unter den Aufständischen einnahm [2]), so erscheint eine Empörung der Geistlichkeit als solcher fast fraglich [3]). Eine massgebende Rolle hat sie wenigstens während des ganzen Aufstandes nicht gespielt, auch sie musste den Zwe-

---

1) Was Bodmann (Rheingauische Alterth. II. 545) behauptet, was mir aber nicht gelungen ist aus Urkdd. beweisen zu können.

2) Jaffé III. 629 cf. oben p. 62.   3) Mit Namen wird ausser Burchard und Gotfried kein Geistlicher, der am Aufstande betheiligt ist, genannt — über Hartmann cf. oben p. 63 Anmerkung 4. Aus dem kais. Briefe sehen wir, dass Propst, Dekan, Custos, Scholaster am Dom — Ausgang 1159 — zu A. hielten. [Wenn jedoch in As'. Ukdd. fast sämmtliche damals an den Mainzer Kirchen und Klöstern überhaupt vorkommende Geistliche erscheinen, so ist daraus kein Schluss auf ihre Parteinahme für A. zu ziehen, da in denselben Ukdd. Propst Burchard ebenfalls auftritt cf. die Ukdd. Arnolds v. J. 1159 Joann. II. 519 f. v. J. 1160 Joann. II. 645 ff. Guden III. 1060.

cken der Ministerialen dienen [1]), welche stets die Seele des Aufstandes blieben auch dann noch, als sie die Altbürger und Handwerker in denselben hineingezogen hatten, und diesen »für ihre
durch den Erzbischof gefährdete Freiheit zu kämpfen [2]) die Waffen
in die Hand gedrückt [3]). Und wenn dann an der eigentlichen
That des Mordes alle Theile der Bevölkerung gleichen Antheil
hatten, die Urheber desselben waren die Ministerialen und gerade
die angesehensten und reichsten dieses Standes [4]), denen die strenge
Handhabung der bischöflichen, lehnsherrlichen Rechte durch Arnold von Selehofen eine drückende, ungewohnte Last war, der sie
sich auf jede Weise zu entledigen suchten. Ein Freiheitskampf

---

1) Cf. den schon p. 82 Anmerkg. 2 citirten Bericht der Ann.
Disibod. ad ann. 1160 über die Wahl eines neuen Erzbischofs; die
Ministerialen wählen »cum clero licet coacto«.   2) Befürchtungen wie: Arnold will den Städtern die Freiheit nehmen, ihrer Habe
sie berauben, die Stadt zerstören werden z. B. in der dem Abt Gotfried in den Mund gelegten Rede rege gemacht: Jaffé III, 656: hostem
mortalem, qui filios vestros servituti addicere et gentem et locum de-
moliri et vos patria et bonis privari cupiebat etc.; cf. die höhnenden
Worte der Mainzer an den Leichnam Arnolds (1. c. 674) vis tu filium
meum obsidere? Vis tu bona mea recipere.   3) Für wie unselbständig die Betheiligung der Cives und Operarii am Aufstande
von dem Verfasser der Vita betrachtet wird, zeigen die Ausdrücke:
armaverunt (sc. die vom Kaiser zurückkehrenden Aufständischen: Burchard, Gotfried, Embricho, Werner v. Boland, Arn. Rufus u. a.) ipsos
cives (p. 631) oder: (die welche verbannt waren) coeperunt . . . . .
cives a magno usque ad parvum armare, animare (p. 646); das zeigt
auch Arnolds Verfahren: gegen das Volk schreitet er am letzten ein;
p. 633 heisst es: nachdem Arnold die Stadt verlassen, um in Seligenstadt die Bischofsweihe vorzunehmen, empörten sich seine Feinde una-
nimiter cum toto populo, quibus antea indulgebatur.   4) Ueber
den alten Meingot spricht die Vita (p. 616): Erat autem Mengotus
ministerialis Maguntini . . . . . omnibus Maguntinis virtute prole viri-
bus atque divitiis tempore illo excellentior; unter einer Urkunde Erzbischof Heinrichs stehen als Zeugen Dudo, Mengotus frater ejus et alii
principaliores Moguntine metropolis (Leuckfeld: Antiquitt. Michaelstein
p. 8 f.). Ueber Reinbodo v. Bingen cf. Bodmann Rheing. Alterth. I, 61
f. und über das Ansehen und den Reichthum der v. Bolanden Acta
Acad. Palat. vol. hist. VII, 420 ff. und Köllner, Gesch. der Herrschaft
Kirchheim - Boland und Stauf.

der Städter, wie er fast ein Jahrhundert nach Arnolds Tode mit so glücklichem Erfolge von den Mainzern ausgefochten wurde, ist diese Empörung gegen Arnold von Selehofen nicht gewesen.

Erst nach Beendigung der voraufgehenden Abhandlung erfuhr ich, dass in Bonn eine Dissertation: De vita Arnoldi de Selenhofen von L. Nohlmanns, verfasst im März 1871, erschienen sei. Beim Durchlesen derselben bemerkte ich zwar, dass der Herr Verf. zu dem gleichen Resultat über den Hauptpunkt der Untersuchung, den Charakter des gegen Arnold gerichteten Aufstandes, gelangt sei wie ich; allein da die vorstehende Abhandlung die Reichsverhältnisse und deren Zusammenhang mit Mainz mehr berücksichtigt, auch sonst in einigen Punkten mir genauer zu sein scheint als die genannte Bonner Dissertation: so habe ich mit derselben nicht zurückhalten wollen. Ich glaubte selbst ohne Nachtheil für meine Darstellung in derselben von einer Rücksichtnahme auf die Arbeit des Herrn N. Abstand nehmen zu dürfen; einmal, weil die vorkommenden Abweichungen ohne wesentlichen Einfluss auf den Gang der Untersuchung sind; sodann weil ich das, was Herr N. mehr gibt — eine allgemeine Beschreibung der Verhältnisse in bischöflichen Städten des Mittelalters — absichtlich von meiner Arbeit ausgeschlossen habe: der vorzüglichste Zweck vorstehender Untersuchung war, den Charakter des gegen den Erzbischof gerichteten Aufstandes zu erkennen; nur insofern eine Beleuchtung der städtischen Verhältnisse hierfür von Nutzen sein konnte, sind letztere in die Darstellung hineingezogen worden. Eine allgemeine Wiedergabe der von Arnold, Hegel u. A. gefundenen Resultate, wie sie Herr N. wesentlich liefert, schien mir für jenen Zweck nicht nöthig.

Wie schon bemerkt, stimme ich mit dem Resultate des Hrn. N. überein: auch er sieht in den Ministerialen des Stiftes, vor Allem in der Partei der Meingots, die Führer des Aufstandes; auch ihm gilt »das Volk« von Mainz für das von den Meingots verführte, unselbständig handelnde Element der Opposition. Auch in der Behandlung des Gegenstandes, die im Wesentlichen durch die Vita Arnoldi gegeben war, sind unsere Arbeiten ähnlich. Die Bemerkungen über die Dissertation des Hrn. N. werden sich dem-

nach auf einige Puukte von mehr untergeordneter Bedeutung, sowie auf die Flüchtigkeit, die sich Hr. N. iu etlichen Fällen hat
zu Schulden kommen lassen, beziehen.

Diese letztere tritt besonders in der Herbeiziehung von Citaten
hervor. In deu citirten Stellen steht bisweilen etwas anderes als
das, was darin stehen soll, in einem Falle sogar das gerade Gegentheil von dem zu Beweisenden: das ist auf p. 13 N. 10; dort
wird zum Beweise dafür, dass A. v. S. seit dem J. 1141 Propst
vou Aschaffenburg gewesen ist, auf Gud. cod. dipl. I, 130 verwiesen. Gud. I, 130 steht unter den Zeugen einer Urkunde Erzb.
Adalberts II. vom J. 1141 allerdings ein Arnulfus prepositus;
dass aber die Propstei dieses Arnolds die von Aschaffenburg nicht
ist, zeigt die unmittelbar darauf folgende Unterschrift des Marcol-
fus prepositus; denn dieser ist der damalige Aschaffenburger Propst.
Als Beispiel für meine Behauptung, dass in den citirten Stellen
bisweilen etwas anderes steht als Hr. N. angibt, mag p. 12 N. 17
und p. 13 N. 1 dienen. Aus dem dort gegebenen Citate, Gud. I,
120 soll hervorgehen, dass im J. 1135 ein Ruthardus walpodo
und ein Ernestus villicus gewesen ist, während an der betreffenden
Stelle die beiden Männer in einer Urkunde des J. 1120 in den
genannten Aemtern erscheinen.

Auch in der Wiedergabe von Citaten zeigt Hr. N. sich nicht
immer genau; so heisst es z. B. p. 13 N. 7: cf. Jaffé III, 609
et 610: »Erat enim sexagenarius et ultra«. Aber weder auf
p. 609 noch auf p. 610 steht das Citirte, wohl aber auf p. 647 fin.
etwas Aehnliches: Ego enim suin senex sexagenarius et eo amplius...; das scheint Hrn. N. vorgeschwebt zu haben. Mit gleicher Ungenauigkeit heisst es p. 25 N. 3: narrant Ann. Dis.:
»Arn. a quibusdam Romam vocatum esse«; et mart. »ad exsol-
vendam rem non differendam Romam eum profectum esse«. Die
Stelle der Ann. Dis. lautet aber: a quibusdam appellatus ad apostolicam praesentiam Adrianum papam adiit; und das Citat aus
dem Martyr. (p. 622): statuit igitur, quia id tali negoti non es-
set differendum, ... sedem Romanam petere.

Andere Citate sind unzureichend oder setzen beim Lesen das
Vertrauen in die Richtigkeit der Angaben des Hrn. Verf. voraus.
So wird uns z. B. erzählt (p. 13), dass Petrus und Dietericus
zur Familie der v. Selehofen gehören; aber die betreffenden Citate zeigen nur, dass zu jener Zeit zwei Leute mit den genannten
Namen gelebt, nicht welcher Familie sie angehört haben. Noch
mehr wird jenes Vertrauen gefordert auf p. 13 N. 2, wo zum
Beweise dafür, dass Arnold, der Sohn Ruthards, vom J. 1135 —
1158 Ministerial des Erzstiftes ist, auf zwei Urkunden verwiesen wird,
in denen wohl ein Ministerial Arnold aber keine nähere Angabe,
welcher Familie derselbe angehört, zu finden ist. Wer die Mainzer Urkunden jener Zeit kennt und weiss, dass wir darin wenigstens ein halbes Dutzend Vertreter des Namens Arnold unter den

Stiftsministerialien finden, den wird der Scharfblick des Hrn. Verf. aus dem blossen Vornamen die Familie des Betreffenden angeben zu können, billig überraschen. Wir werden weiter unten noch einmal auf diese Art der Beweisführung zurückkommen.

Was des Hrn. N. Arbeit im Allgemeinen noch betrifft, so weiss ich nicht, ob sie deshalb Lob verdient, dass sie sich häufig so genau an den Wortlaut der Vita anschliesst, den sie stellenweise fast unverändert wiedergibt. Ich verweise hierbei z. B. auf die Seiten 30—31, die fast nichts als ein verkürzter Abdruck von Jaffé III, 627—631 sind; ebenso auf p. 37, welche nur aus fast unverändert wiedergegebenen Theilen der Vita l. c. p. 645, 646, 649, 646 besteht; cf. auch p. 20, 21 und Jaffé III, 612, 610, 609, 610, 608 f., 609.

Ich gehe zu der Arbeit im Besonderen über und schliesse mich hierbei der von Hrn. N. beobachteten Anordnung des Stoffes an.

Hr. N. beginnt mit einer Angabe und Critik der angegebenen Quellen. Den ersten Platz nimmt die Vita Arnoldi ein. Aus den gegebenen Bestimmungen hebe ich folgende hervor, denen ich entweder, wenigstens nach den von Hrn. N. angeführten Gründen nicht, oder überhaupt nicht beitreten kann: die Vita ist gleichzeitig verfasst, wie der Verfasser selber bezeugt »super tanti novitate negotii«; aber nach März 1163, weil der Verfasser das über Mainz verhängte Strafgericht schon kennt; die Glaubwürdigkeit des Autors steht ausser Zweifel: quoniam nusquam de industria veritas est depravata. — Die Zeit der Entstehung der Vita scheint zwar auch mir bald nach dem J. 1160 zu suchen (cf. oben p. 4); dass indessen in den angegebenen Worten »super tanti novitate negotii« nichts enthalten ist, was auf die Zeit der Abfassung des Werkes schliessen liesse, habe ich schon oben p. 4 N. 1 bemerkt und verweise darauf, ebenso auf p. 5, wo ich zu zeigen versucht, dass die Glaubwürdigkeit der Vita keineswegs so unbedingt ist, wie Hr. N. annimmt. Von der Erwähnung des Strafgerichtes kann ich in der Vita nichts entdecken, muss deshalb auch den Schluss, den der Hr. Verf. aus einer solchen für eine Aufzeichnung der Vita nach März 1163 zieht, in Abrede stellen. Die Stellen, aus denen eine Kenntniss des vom Kaiser über Mainz ausgeübten Gerichtes hervorgehen soll, sind folgende zwei. Die erste (p. 606) lautet: Novum tormentorum et nostris temporibus immo a seculis inauditum fuit genus simul cum penis expertus (sc. Arnoldus). In welchen Worten der Hinweis auf das genannte Gericht liegen soll, vermag ich in der That nicht zu entdecken; sollte er etwa in »simul cum penis expertus« liegen und poenae hier als die Strafen, die der Kaiser im J. 1163 verhängte, verstanden werden, so hätte Arnold etwas erfahren, was drei Jahre nach seinem Tode geschehen ist! Das zweite Citat scheint mehr für die Annahme des Hrn. N. zu sprechen. l. c. 672 heisst es: in nefando scelere (sc. in caede archiepiscopi) licet cruente impietatis victoria plebs furens potita sit, tamen iste (archiep. Mog.) munimine regio septus nullatenus ab adversariis est superatus. Allein ist es nicht das Einfachste, den Nachsatz: tamen iste munimine regio septus etc., in welchem Hr. N. das Strafgericht des J. 1163 angedeutet findet, auf jene kaiserl. Verordnung vom Dezbr. 1159 zu beziehen, welche dem Mainzer Erzb. seine Gegner gesetzlich völlig in die Hand gab, und die citirten Worte dahin zu verstehen, dass die Mainzer wohl den, welcher damals gerade die Würde des Erzb. von Mainz bekleidete, ermorden konnten, dass der Erzb. als solcher aber in seinen Rechten durch den kaiserlichen Schutz gesichert nicht zu überwinden war? Ich glaube nicht, dass der so leidenschaftlich für seinen Erzb. eintretende Verf. der Vita, der dessen Feinde Erstgeborene des Satan, Teufel in der Kutte u. ähnl. titulirt, nur an dieser einen Stelle und noch dazu mit einer so zahmen Bemerkung seine Kenntniss von jenem Strafgericht angedeutet haben würde. Eine so glänzende Genugthuung seines Herrn würde er als gerechte Strafe des Himmels offenbar mehrmals und weniger verblümt angeführt haben.

Wie schon bemerkt, hat Hr. N. eine allgemeine Beschreibung der städtischen Verhältnisse, wesentlich aus Arnold und Hegel entnommen, dem eigentlichen Thema vorausgeschickt. Aber er gibt auch Einiges aus eigener Forschung, dem ich jedoch, wenigstens in zwei Fällen, nicht zustimmen kann. Der eine betrifft die Behauptung, dass der Stadtkämmerer, mit Ausnahme der Jahre 1133—1135, omni tempore erat canonicus ecclesiae cathedralis (p. 8); es lassen sich weltliche Stadtkämmerer aber bestimmt nach dem J. 1135 nachweisen, cf. Guden cod. dipl. II, 465 f., und mit Wahrscheinlichkeit auch vor dem J. 1133 cf. Bär, Mainzer Beitr. I, 76 ff., 141.

Der zweite Fall betrifft die Annahme einer Vormundschaft für den Grafen Ludwig von Looz. p. 7 wird nämlich erzählt, dass die Grafen von Looz im 12. Jahrh. urbis ecclesiaeque Moguntinae praefecturam innegehabt hätten, dass aber dum Ludowicus de Looz (1139—66) adolescentulus nondum imperio videbatur maturus urbis praefectus erat Dudo de Rusteberg; dabei wird auf Gud. I, 135 verwiesen. Die Stellvertretung Ludwigs durch Dudo v. Rusteberg, oder wie der Familienname desselben lautet, von Immenhausen, war mir neu. Schon im J. 1139 unterzeichnet Ludwig als comes urbis Moguntine eine Urkunde Erzb. Adalberts II. (Joann. II, 465). Dudo war bekanntlich Statthalter über die Mainzischen Besitzungen auf dem Eichsfelde und heisst als solcher bald castellanus de Rusteberg oder comes urbis de R. oder praefectus urbis de R. oder Dudo de R. urbis praefectus (cf. die Belegstellen in d. Ztschr. f. hess. Gesch. I, 316 ff.). Wahrscheinlich hat eine dieser letzten Bezeichnungen Hrn. N. zu seiner irrigen Annahme verleitet und das von ihm gegebene Citat ihn darin bestärkt; aber dieses Citat beweist gar nichts; es nennt uns nur den provincialis comes Lodewicus Puer, d. h. den Landgrafen Ludwig von Thüringen, der mit Ludwig v. Looz nichts zu thun hat. Bevor Hr. N. sich zu seiner Annahme bestimmen liess, hätte ihm doch wohl die Stellung Dudos in den Urkunden auffallen müssen: während nämlich die Grafen v. Looz als Stadtpräfekten von Mainz die Reihe der laici oder comites gewöhnlich eröffnen (Gud. I, 104. 106. 115. 119. 120, cfr. Joann. II, 464. 465. 583. 645. 744 etc.) steht Dudo von Rusteberg entweder an letzter Stelle (Gud. I, 138. 149. 164. 188; Stumpf, A. M. 17 etc.) oder doch unter den letztgenannten Freien (Gud. I, 191. 122. 143).

Eine namentliche Aufzählung der in den Urkunden der damaligen Zeit erscheinenden Meingots und Selehofer macht uns mit den Vertretern der einander feindlich gegenüberstehenden Parteien bekannt. Ob die angegebenen Personen wirklich in den von Hrn. N. angeführten verwandtschaftlichen Beziehungen zu einander stehen oder in den ihnen zuerkannten Würden sind, wird, wie wir sahen, in einigen Fällen durch die Citate nicht erwiesen. Von den aufgezählten Angehörigen der zwei mächtigen Familien sind für uns wegen der über sie gemachten Angaben Propst Burchard und Arnold von Selehofen von Interesse. Ersterer wird ein Bruder des älteren Meingot genannt. Ein Beweis für diese Angabe wird nicht geliefert, andererseits auch die bisherige (und, wie ich glaube, richtige) Annahme, wonach Burchard der Schwager des älteren Meingot ist (Bär, Mainzer Beiträge I, 86), weder widerlegt noch überhaupt erwähnt.

Keineswegs überzeugend sind sodann die Mittheilungen über einige der von Arnold von Selehofen durchlaufenen Rangstufen (p. 13). Die angezogenen Stellen nennen nur einen Geistlichen mit dem Namen Arnold in der Würde eines Capellan, Archidiakon u. s. w., dass der genannte Arnold unser Arnold v. Selehofen, nicht ein anderer Geistlicher desselben Namens ist, — und es gab einen solchen in jener Zeit, vgl. Gud. III, 1046. Joann. II, 744 — dafür wird uns kein Beweis beigebracht. Man sieht nicht ein, weshalb Hr. N. bei dieser Beweisführung nicht einen Schritt weiter ging und unserem Arnold nicht zu seinem Vater verholfen hat. Denn während er sonst ohne mehr Grund zu haben einen Capellan, Archidiakon u. s. w. Arnold für unseren Arnold v. Selehofen ausgibt, lässt er eine Urkunde des J. 1122 unberücksichtigt, in welcher Arnolt capellanus, filius Eckhenboldi erscheint (Joann. II, 744).

Arnolds Ernennung zum Kanzler und seine Gesandtschaftsreise zu Eugen III., die Momente mit denen jener für uns erkennbar hervortritt, sind von Hrn. N. und mir verschieden datirt. Die Zeit, in welche jene Reise zum Papst fällt, wird durch die Quellen nicht überliefert. Mit Bestimmtheit lässt sich nur behaupten, dass sie vor Dezbr. 1152 stattgefunden hat. Hr. N. setzt sie in die ersten Monate des J. 1151, die obige Darstellung (p. 27) in die zweite

Hälfte des J. 1152. Die Wahrscheinlichkeitsgründe, welche für diese letztere Annahme sprechen, sind folgende. Wir wissen, dass später von Arnolds Gegnern Gerüchte ausgesprengt wurden: er habe während seines Aufenthaltes am päpstlichen Hofe diesen bestochen, um den Erzb. Heinrich zu stürzen; letzterer wurde Juni 1153 abgesetzt. Solche Gerüchte konnten offenbar eher Glauben finden, wenn jener Aufenthalt in die letzte Hälfte des J. 1152, als wenn er in das erste Viertel des J. 1151 fiel. Ferner: das päpstl. Schreiben vom 9. Januar 1152 rückt dem Erzb. Heinrich den Gestellungstermin hinaus; erwähnt aber nichts von einer Sendung Arnolds oder einer versuchten Vertheidigung Heinrichs. Es ist allerdings misslich, aus dem Schweigen der Quellen Schlüsse zu ziehen; da indessen für meine Annahme noch ein fernerer Umstand spricht, so wollte ich jenes päpstl. Schreiben wenigstens nicht unerwähnt lassen. Dieser Umstand liegt in folgendem: Wenn wir der Annahme des Hrn. N. folgen, so ist Arnold nach Italien gesendet, bevor er Kanzler war; dieser Mission würden keine reichspolitischen Motive zu Grunde liegen, sie würde als Ausfluss einer privaten Vertrauensstellung Arnolds zum Erzbischof Heinrich zu betrachten sein. Aber von einer solchen meldet uns kein glaubwürdiger Bericht. — Allerdings erzählt Hr. N., Arnold sei der Vertraute des Erzb. Heinrich gewesen, er habe bis zu seiner Sendung zum Papst die Zügel der Regierung fast allein geführt. Allein die Quelle für diese Ansicht ist nur das Chron. Christ., ein Bericht, dessen Glaubwürdigkeit, zumal in allen Stücken, die Arnold angehen, von Hr. N. selbst in Abrede gestellt wird (p. 5). — Gegen eine solche Vertrauensstellung spricht aber entschieden der völlige Bruch Arnolds mit der Regierungsweise seines Vorgängers, über die er sich im heftigsten Tadel auslässt. Würde er das thun, wenn er die Seele dieser Regierung gewesen wäre? Und dass dieser Tadel nicht nur der letzten Zeit von Heinrichs Regierung gilt, der Zeit, da Arnold wegen seiner verunglückten Mission zum Papste bei Erzb. Heinrich in Ungnade gefallen sein mochte, dafür spricht die Ausdrucksweise der Vita (cf. p. 611 ff.). Und ebenso geht aus dieser Quelle hervor, dass die Partei der Meingots nicht erst seit dieser Zeit in Mainz von Einfluss war. Unter solchen Umständen findet die Sendung Arnolds nur dann ihre Erklärung, wenn wir sie erst zu einer Zeit ansetzen, da Arnold Kanzler ist, und annehmen, dass Erzb. Heinrich, mit König und Papst zerfallen, mit kühnem Zuge beide Gegner zu gleicher Zeit sich zu versöhnen suchte, indem er einen offenen Anhänger derselben zu seinem Vertheidiger erwählte (cf. oben p. 28).

Was nun den Antritt der Kanzlerwürde durch Arnold betrifft, so liefert Hr. N. für seine Annahme einen eigenthümlichen Beweis. Er behauptet: Arnold ist seit Mai 1151 Kanzler, die erste von ihm recognoscirte kgl. Urkunde ist Stumpf 3580. Da aber die folgende kgl. Urkunde, St. 3581, als Recognoscenten wie auch als Zeugen nennt: Arnoldum Colon. electum et regiae curiae cancellarium (— den Vorgänger Arnolds v. Selehofen in der Kanzlerwürde, Arnold v. Wied —), so begnügt sich Hr. N. mit der Bemerkung: »recognitio tabulae St. 3581 parum certa videtur esse«. Warum wird nicht verrathen. Die kgl. Urkunde aber aus Würzburg Septbr. 1151 (bei St. 3585) mit der Zeugen-unterschrift des: Arnoldus Colon. eccles. in archiep. elect. regiae curiae cancellarius, ebenso der Brief des Königs Konrad an die Römer (de d. Septbr.—Oktbr. 1151), worin dieser seinen Ge-sandten empfiehlt, den Arnoldum (regiae) curiae cancellarium, Co-loniensis ecclesiae electum archiepiscopum (Jaffé I, 479): diese urkundlichen Data werden gänzlich mit Stillschweigen übergangen!

Die Beschreibung von Arnolds Person, die sodann folgt, ist fast wörtlich der Vita entlehnt, worauf auch ein Citat verweist; wenn aber Hr. N. hinzufügt: A. humanae naturae inscius plane et imperitus, imprudens atque incautus (p. 22), so ist das wohl übertrieben ; so ganz unverständige Menschen pflegte sich Kaiser Friedrich nicht zu seinen Kanzlern zu erwählen. Dass die Partei-nahme des Erzb. Heinrichs gegen Friedrichs Wahl von unterge-ordneter Bedeutung für des ersteren Absetzung war (p. 19), möchte ich nicht unterschreiben (cf. oben p. 27 und 31).

Wir kommen zum eigentlichen Kern der Abhandlung, dem Kampf Arnolds mit den Mainzern. Wie schon bemerkt, stimme ich mit der Auffassung des Hrn. N. völlig überein. Nur vermisse ich bisweilen ein Eingehen auf die Reichsverhältnisse, bei welchen Arnold betheiligt ist, wie auch auf speziell Mainzische Angelegen-heiten. So wird z. B. nichts von der durch Arnold offenbar be-strittenen Legatur Triers über Mainz erwähnt (cf. oben p. 44 f.); die Frage, ob die Klagen der Domcanoniker berechtigt waren, wird nicht aufgeworfen; p. 28 wären vielleicht einige Worte über Arnolds Bemühungen, die Ausrüstung zum italischen Zuge ohne Beihülfe der Mainzer zu Stande zu bringen, an der Stelle ge-wesen. Arnolds Thätigkeit auf dem Concile zu Pavia ist gänzlich unberücksichtigt geblieben.

Doch ich muss noch einmal daran erinnern, dass ich mich dem eigentlichen Resultat der Untersuchung des Hrn. N., den über den Aufstand z. B. p. 6. 29. 32 gegebenen Ausführungen durchaus anschliesse.

Die der Dissertation des Hrn. N. angefügten Regesten ge-nügen wohl kaum bescheidenen Ansprüchen. Selbst ein so be-kanntes Werk wie der Cod. Anhalt. von Heinemann ist dem Hrn. Verf. fremd; er hätte darin unter anderen eine Urkunde Arnolds vom J. 1155 finden können, die er bei Wigand, West-fäl. Archiv (IV, 222) jedenfalls übersehen hat. Auch eine andere sehr leicht (bei Bodmann, Rheing. Alterth.) zu findende Urkunde Arnolds vom J. 1158 ist nicht aufgenommen worden. Ich will zugeben, dass andere bei Hrn. N. ebenfalls fehlende Urkunden

Arnolds schwerer aufzufinden sind als die zwei genannten; allein
da von Stumpf, Acta Mog., sämmtliche Werke angegeben werden,
in denen Mainzische Urkunden aus dem 12. Jahrhundert abgedruckt sind, so hätte ein Herausgeber von Regesten solcher Urkunden jene citirten Werke wohl nachschlagen können; ihm würden Arnoldische Urkunden z. B. in der Hess. Zeitschrift I (vom
J. 1155), bei Kremer, origg. Nass. (vom J. 1156), bei Mohr,
Sammlg der Urk. z. Gesch. v. Cur-Rhätien (vom J. 1157), nicht
entgangen sein.   Vielleicht hätte Hr. N. auch wohlgethan, sich
bisweilen mehr als die Ueberschrift der angegebenen Urkunden
durchzulesen; es wäre ihm dann wohl nicht begegnet, dieselbe
Urkunde unter den verschiedenen Inhaltsangaben, die sie bei
Gudeu I, 227 und bei Würdtwein, N. Subs. II, 42, trägt, als
zwei verschiedene anzuführen (p. 51 Nr. 39—40)!